KURT SCHELTER

Demokratisierung der Verbände?

Schriften zum Öffentlichen Recht

Band 300

Demokratisierung der Verbände?

Demokratie als Ordnungsprinzip in privilegierten Interessenverbänden

Von

Dr. Kurt Schelter

DUNCKER & HUMBLOT / BERLIN

CIP-Kurztitelaufnahme der Deutschen Bibliothek

Schelter, Kurt

Demokratisierung der Verbände?: Demokratie als Ordnungsprinzip in privilegierten Interessenverbänden. — 1. Aufl. — Berlin: Duncker und Humblot, 1976.
(Schriften zum Öffentlichen Recht; Bd. 300)
ISBN 3-428-03686-7

Gedruckt 1976 bei Buchdruckerei A. Sayffaerth - E. L. Krohn, Berlin 61
Printed in Germany

ISBN 3 428 03686 7

D 29

Allen, denen ich zu danken habe

Vorwort

Diese Arbeit soll zur Lösung des noch immer offenen Problems der inneren Struktur von Interessenverbänden beitragen und auf die dringende Notwendigkeit eines Verbändegesetzes aufmerksam machen.

Die Idee zu dieser Untersuchung ist bereits im Jahr 1971 entstanden. Die in Politik und Wissenschaft leidenschaftlich geführte Diskussion über die Demokratisierung von Staat und Gesellschaft trieb damals ihrem Höhepunkt zu.

Die Ergebnisse der Arbeit erscheinen zu einem Zeitpunkt, da eine polemisch und scharf geführte Auseinandersetzung über diese Frage allmählich einer sachlichen Bestandsaufnahme weicht.

Das Manuskript wurde im Mai 1975 abgeschlossen. Spätere Veröffentlichungen und Neuauflagen sind, soweit dies möglich war, bei der Drucklegung berücksichtigt worden.

Der Fachbereich Rechtswissenschaft der Universität Erlangen-Nürnberg hat diese Abhandlung im Wintersemester 1975/76 als Dissertation angenommen. Herrn Professor Dr. Klaus Obermayer, der die Arbeit betreut hat, schulde ich Dank für die geduldige Vermittlung des wissenschaftlichen Rüstzeugs und manchen verständnisvollen Rat. Wichtige Hinweise und kritische Anmerkungen verdanke ich Herrn Professor Dr. Reinhold Zippelius, dem Korreferenten dieser Arbeit.

Herrn MR a. D. Professor Dr. Johannes Broermann sage ich Dank für seine Bereitschaft, diese Untersuchung in die Reihe „Schriften zum Öffentlichen Recht“ seines Verlages aufzunehmen.

München, im Mai 1976

Der Verfasser

Inhaltsübersicht

Zweites Kapitel

Abkürzungsverzeichnis

AktG	=	Aktiengesetz
AO	=	Reichsabgabenordnung
AöR	=	Archiv des öffentlichen Rechts
ArbuR	=	Arbeit und Recht
ArbGG	=	Arbeitsgerichtsgesetz
BAG	=	Bundesarbeitsgericht
BAGE	=	Entscheidungen des Bundesarbeitsgerichts (amtliche Sammlung)
BayBG	=	Bayerisches Beamtengesetz
BayBS	=	Bereinigte Sammlung des Bayerischen Landesrechts
Bayer. VerfGH	=	Bayerischer Verfassungsgerichtshof
Bayer. VerfGHE	=	Entscheidungen des Bayerischen Verfassungsgerichtshofs (amtliche Sammlung)
BayLplG	=	Bayerisches Landesplanungsgesetz
BayNatSchG	=	Gesetz über den Schutz der Natur, die Pflege der Landschaft und die Erholung in der freien Natur (Bayerisches Naturschutzgesetz)
BayPVG	=	Bayerisches Personalvertretungsgesetz
BayVBl	=	Bayerische Verwaltungsblätter
BBG	=	Bundesbeamtengesetz
Bek.	=	Bekanntmachung
ber.	=	berichtigt
BetrVerfG	=	Betriebsverfassungsgesetz
BGB	=	Bürgerliches Gesetzbuch
BGBl	=	Bundesgesetzblatt
BMI	=	Bundesminister des Innern
BRAO	=	Bundesrechtsanwaltsordnung
BReg	=	Bundesregierung
BRRG	=	Rahmengesetz zur Vereinheitlichung des Beamtenrechts (Beamtenrechtsrahmengesetz)
BT	=	Bundestag
Buchst.	=	Buchstabe
BVerfG	=	Bundesverfassungsgericht
BVerfGE	=	Entscheidungen des Bundesverfassungsgerichts (amtliche Sammlung)
BVerwG	=	Bundesverwaltungsgericht
BVerwGE	=	Entscheidungen des Bundesverwaltungsgerichts (amtliche Sammlung)
BVFG	=	Gesetz über die Angelegenheiten der Vertriebenen und Flüchtlinge (Bundesvertriebenengesetz)
DB	=	Der Betrieb
DJT	=	Deutscher Juristentag
DÖV	=	Die öffentliche Verwaltung
DVBl	=	Deutsche Verwaltungsblätter
Einf.	=	Einführung
EnergG	=	Gesetz zur Förderung der Energiewirtschaft (Energiewirtschaftsgesetz)

EvStL	=	Evangelisches Staatslexikon, herausgegeben von Hermann Kunst, Roman Herzog und Wilhelm Schneemelcher, 2. Aufl. 1975
FN	=	Fußnote
GG	=	Grundgesetz für die Bundesrepublik Deutschland
GGO II	=	Gemeinsame Geschäftsordnung der Bundesministerien, Besonderer Teil, i.d.F. der Bek. des BMI vom 9. 10. 1974, GMBl S. 528
GMBl	=	Gemeinsames Ministerialblatt
GO	=	Geschäftsordnung
GrBerlVBl	=	Gesetz- und Verordnungsblatt für Groß-Berlin
GWB	=	Gesetz gegen Wettbewerbsbeschränkungen
HdSW	=	Handwörterbuch der Sozialwissenschaften
Hg.	=	Herausgeber
i.d.F.	=	in der Fassung
i.S.	=	im Sinne
JurBl	=	Juristische Blätter
JuS	=	Juristische Schulung
JZ	=	Juristenzeitung
LT	=	Landtag
MDR	=	Monatsschrift für deutsches Recht
MitbestG	=	Gesetz über die Mitbestimmung der Arbeitnehmer in den Aufsichtsräten und Vorständen der Unternehmen des Bergbaus und der Eisen und Stahl erzeugenden Industrie (Mitbestimmungsgesetz)
NJW	=	Neue Juristische Wochenschrift
PartG	=	Gesetz über die politischen Parteien (Parteiengesetz)
PersVertrG	=	Personalvertretungsgesetz
PVS	=	Politische Vierteljahresschrift
RdA	=	Recht der Arbeit
RBerG	=	Gesetz zur Verhütung von Mißbräuchen auf dem Gebiete der Rechtsberatung (Rechtsberatungsgesetz)
RGBl	=	Reichsgesetzblatt
SGG	=	Sozialgerichtsgesetz
StL	=	Staatslexikon. Recht, Wirtschaft, Gesellschaft. Herausgegeben von der Görres-Gesellschaft, 6. Aufl. 1957 ff.
StPO	=	Strafprozeßordnung
SVwG	=	Gesetz über die Selbstverwaltung auf dem Gebiet der Sozialversicherung
Verb.	=	Verbindung
VerwArch	=	Verwaltungsarchiv
VO	=	Verordnung
VVdStRL	=	Veröffentlichungen der Vereinigung der Deutschen Staatsrechtslehrer
VwGO	=	Verwaltungsgerichtsordnung
WRV	=	Die Verfassung des Deutschen Reichs (Weimarer Verfassung) vom 11. 8. 1919
ZfA	=	Zeitschrift für Arbeitsrecht
ZfP	=	Zeitschrift für Politik
ZRP	=	Zeitschrift für Rechtspolitik
ZPO	=	Zivilprozeßordnung

Einleitung

Problemstellung und Gang der Untersuchung

A.

Konrad Hesse hat in seinem Bericht für die Tagung der Vereinigung der deutschen Staatsrechtslehrer in Wien (1958) die Behauptung aufgestellt, es sei „für das Verfassungsleben ohne Belang", ob die innere Ordnung anderer Vereinigungen als der politischen Parteien eine freiheitliche ist und die Forderung des Berliner Gesetzes über die Vereins- und Versammlungsfreiheit vom 29. 9. 1950[1], Aufbau und Willensbildung aller Vereinigungen im Sinne dieses Gesetzes müßten nach demokratischen Grundsätzen erfolgen, als grundgesetzwidrig bezeichnet[2]. Seither sind achtzehn Jahre vergangen. Der von *Hesse* schon damals angedeutete Konflikt zwischen der verfassungsrechtlichen Gewährleistung der inneren Vereinigungsfreiheit und den Anforderungen des demokratischen Prinzips an die Binnenstruktur von Verbänden ist bis heute noch keiner befriedigenden Lösung zugeführt: Die Pläne, diese Problematik in einem Verbändegesetz verbindlich zu lösen, sind gescheitert[3]. Die staatsrechtliche Literatur hat sich überwiegend darauf beschränkt, auf die Aktualität des Problems hinzuweisen[4], im übrigen das Feld aber Politologie und Soziologie überlassen. Weder die Berliner Staatsrechtslehrer-Tagung des Jahres 1965, die sich zum ersten Beratungsgegenstand „Staat und Verbände" gewählt hatte[5], noch die Verhandlungen im Jahre 1970 mit dem Thema „das demokratische Prinzip im Grundgesetz"[6] haben die Relevanz des demokratischen Prinzips für die innere Ordnung der Verbände geklärt. Die in der Mitte der sechziger Jahre von einer Flut von Veröffentlichungen begleitete Diskussion über die Demokratisierung aller Lebensbereiche hat das Problem eher verschleiert als gelöst.

---

[1] GrBerlVBl, S. 442.

[2] VVdStRL 17 (1959), S. 30.

[3] Vgl. dazu *Harnoss*, Parlamentarische Demokratie und Verbände in der Bundesrepublik Deutschland, in: Verbände und Herrschaft, 1970, S. 91.

[4] Siehe dazu *Kriele*, VVdStRL 29 (1971), S. 74 ff.

[5] VVdStRL 24 (1966), S. 5 ff.

[6] VVdStRL 29 (1971), S. 3 ff.

B.

Jeder Versuch, das Problem der „Demokratisierung der Verbände" aus verfassungsrechtlicher Sicht zu behandeln, droht an der Komplexität der Thematik und der Unklarheit der Termini zu scheitern. Voraussetzung einer sinnvollen Auseinandersetzung mit dem Verhältnis zwischen Satzungsautonomie der Verbände und demokratischem Prinzip des Grundgesetzes ist deshalb eine thematische Eingrenzung und die Beschränkung auf juristische Argumente mit möglichst klaren juristischen Begriffen.

Die folgende Untersuchung befaßt sich mit der verfassungsrechtlichen Frage, ob und in welchem Umfang dem demokratischen Prinzip des Grundgesetzes organisatorische Bedeutung auch für die innere Ordnung *privat*rechtlich organisierter *Interessen*verbände zukommt.

Im *ersten* Kapitel wird das Problem der Demokratisierung der Verbände zunächst in den Zusammenhang der allgemeinen Forderungen nach Demokratisierung gestellt. Dies setzt eine Auseinandersetzung mit dem Inhalt der demokratischen Idee (A), der Mehrdeutigkeit des Begriffs der Demokratisierung (B) und die Prüfung voraus, inwieweit die Bestimmungen des Grundgesetzes für einen Verfassungsauftrag zur Demokratisierung der Gesellschaft fruchtbar gemacht werden können (C).

Im *zweiten* Kapitel soll die Stellung der Interessenverbände im Spannungsfeld zwischen Staat und Gesellschaft der Bundesrepublik Deutschland dargestellt werden. Nach einer begrifflichen Klärung des Untersuchungsgegenstandes (A) werden die verfassungsrechtliche Stellung der Interessenverbände nach dem Grundgesetz (B) und ihre Bedeutung in der Verfassungswirklichkeit dargelegt (C).

Im *dritten* Kapitel werden Probleme erörtert, die die Forderung nach Übertragung des demokratischen Prinzips auf privatrechtlich organisierte Interessenverbände mit sich bringt. An eine Erörterung der denkbaren verfassungsrechtlichen Rechtfertigungen für eine Erstreckung demokratischer Ordnungsprinzipien auf Interessenverbände (A) schließt sich eine Darstellung der demokratischen Relevanz des Wirkens von Interessenverbänden an (B). Unter — C — schließlich werden die Anforderungen des demokratischen Prinzips an die Binnenstruktur von privilegierten Interessenverbänden aufgezeigt.

Den Abschluß der Arbeit soll eine thesenartige Zusammenfassung der gewonnenen Ergebnisse bilden.

Erstes Kapitel

Die Demokratisierung der Verbände als Teilaspekt der Forderung nach Demokratisierung der Gesellschaft

A. Die demokratische Idee

I. Die Mehrdeutigkeit des Begriffs der Demokratie

1. Demokratie als politisches Schlagwort

Demokratie ist heute in aller Munde. Durch seine häufige Verwendung hat dieser Begriff jedoch keineswegs an Klarheit gewonnen. Seine Bestimmung ist vielmehr unsicherer und umstrittener denn je[1]. Durch gedankenlosen Mißbrauch in den Auseinanderstzungen der Tagespolitik ist der Begriff der Demokratie zu einem politischen Schlagwort entartet[2]. Demokratie ist zum „Signalwort für positive Wertungen in der Sprache der Politik geworden[3]." Die Worte demokratisch und undemokratisch werden gleichbedeutend mit politisch gut oder schlecht[4], als „Chiffren der Zustimmung und Ablehnung" verwendet[5].

2. Die Mehrdeutigkeit des Begriffs der Demokratie im wissenschaftlichen Sprachgebrauch

a) Sozialistische „Volksdemokratie" und freiheitliche, westliche Demokratie

Auch im wissenschaftlichen Sprachgebrauch wird kaum ein anderer Begriff mit so unterschiedlichen Bedeutungen verwendet[6]. Diese Viel-

---

[1] *Bracher*, Dilemma, S. 338.

[2] So bereits *E. von Hippel*, Vom Wesen der Demokratie, 1947, S. 5. Diese Gefahr hat auch *E. Kaufmann* (Grundtatsachen, S. 5) erkannt.

[3] *Scharpf*, Demokratietheorie, S. 8.

[4] *Bäumlin*, Art. Demokratie, in: EvStL, Sp. 362.

[5] *Scharpf*, Demokratietheorie, S. 8.

[6] Eine Zusammenstellung der möglichen Bedeutungsinhalte findet sich bei *Hättich* (Demokratie, S. 11 ff.). Die Begründung für diese fehlende Exaktheit des Demokratiebegriffs sind vielfältig. Nach *Hättich* (Demokratie, S. 17 ff.) soll die Mehrdeutigkeit des Begriffs der Demokratie in der Orientierung an den verschiedenartigen historischen Quellen, der „konkreten Bindung dieses Be-

deutigkeit des Demokratiebegriffs hat bereits dazu geführt, daß seine Verwendung von manchen Autoren tunlichst vermieden wird[7]. Beispielhaft für die gegenwärtige Bedeutungsspaltung des Demokratiebegriffs sind die einander polar gegenüberstehenden Begriffe der sozialistischen „Volksdemokratie" östlicher Prägung und der freiheitlichen Demokratie des Westens. Diese ideologisch bedingte Begriffsdifferenz macht deutlich, daß das Wort Demokratie heute „mit gedanklichen Inhalten und politischen Wirklichkeiten verbunden wird, die sich letztlich diametral und einander ausschließend entgegenstehen"[8]. Im folgenden interessiert ausschließlich die Bedeutungsvielfalt, die dem Begriff der Demokratie des Westens eigen ist.

b) Demokratie als wertneutraler oder wertbezogener Begriff

(1) Der empirische Demokratiebegriff

Die Einsicht in die sich am Beispiel des Demokratiebegriffs zeigende „Relativität historisch-politischer Termini"[9] hat vor allem in der amerikanischen Soziologie und Politikwissenschaft[10] zur Bevorzugung einer empirischen Begriffsbildung geführt. Ihre Vertreter versuchen, die Elemente der Demokratie aus einer Untersuchung der Verfahren und Institutionen in denjenigen Staaten zu gewinnen, die unbestritten als demokratisch anerkannt sind. Sie setzen damit den Begriff der Demokratie „mit der Faktizität des heutigen sich demokratisch nennenden Staates" gleich[11]. Aus einem rein „verfahrenstechnischen Demokratieverständnis"[12] heraus verzichten sie auf die Einbeziehung der Wertentscheidungen für eben diese Verfahren[13] und sprechen dem Begriff der Demokra-

---

griffs an die geistige und nationale Herkunft, an Konfession und persönliche Erfahrungen", einen Säkularisierungsprozeß und der Tatsache zu suchen sein, daß Demokratie als ein zentraler politischer Begriff nicht nur eine exakte wissenschaftliche Begriffsbildung erfahre, sondern ebenso als Kurzformel des politischen Selbstverständnisses verwendet werde.

[7] Siehe dazu die Nachweise bei *Hättich*, Demokratie, S. 38. Ähnlich *Bracher*, Dilemma, S. 338.

[8] *E. von Hippel*, Allg. Staatslehre, 1963, S. 229. Dies wird durch die Verwendung des Begriffs „demokratisch" durch die Siegermächte des II. Weltkrieges in III A Ziff. 9 Abs. 2 des Potsdamer Abkommens illustriert. Die westlichen Alliierten und die UdSSR standen einander als Repräsentanten ganz verschiedener Ordnungen gegenüber, die sich zwar jeweils selbst als Demokratien bezeichneten, sich aber gegenseitig den Charakter demokratischer Ordnung nicht zuerkennen konnten (BVerfGE 5, 119 f.).

[9] *Bracher*, Dilemma, S. 338.

[10] Siehe dazu *S. M. Lipset*, Political Man: The Social Bases of Politics, 1963; weitere Nachweise bei *Scharpf*, Demokratietheorie, S. 8. Einen Überblick geben auch *Charles F. Cnudde* und *Deane R. Neubauer* (Hg.), Empirical Democratic Theory, 1969.

[11] *Hoefnagels*, Demokratisierung, S. 85.

[12] *Bracher*, Dilemma, S. 338.

[13] *Hättich*, Demokratie, S. 24.

tie jeden normativen Gehalt ab. Die Problematik dieser empirischen Begriffsbildung ist offenkundig. Sie vernachlässigt die gestaltende Kraft der demokratischen Idee und bedeutet „einen Schritt zurück in die traditionelle Staatsformenlehre, die nach den äußeren Merkmalen der politischen Institutionen verfährt“[14]. Ihr praktischer Wert ist überdies zweifelhaft. Denn auch ein rein empirischer Begriff vermag das Dilemma der Mehrdeutigkeit nicht zu beseitigen, wenn selbst über die Frage der essentiellen Institutionen und Verfahren des demokratischen Prinzips keine Einmütigkeit zu erzielen ist[15].

(2) Der ideologisch-polemische Demokratiebegriff

Dieser Reduzierung des Begriffs der Demokratie entgegengesetzt sind Bestrebungen, seinen ursprünglichen ideologischen und polemischen Charakter wieder stärker zu betonen. Die Anhänger dieser Bewegung räumen zwar ein, daß die Idee der Demokratie an Militanz insoweit verloren hat, als ihre Geltung „von außen her nicht mehr bestritten“[16] ist und ihre Durchsetzung als Staatsform auch in der politischen Praxis als ein historischer Vorgang angesehen werden kann. Der polemische Gehalt der demokratischen Idee manifestiere sich jedoch in der Tendenz, aus gesicherter Existenz heraus die staatliche und gesellschaftliche Ordnung fordernd und gestaltend zu beeinflussen. Demokratie wird damit zum Etikett einer Ideologie der steten Veränderung des bestehenden Systems.

c) Demokratie als Staats- oder Lebensform

(1) Demokratie in Staat und Gesellschaft als Ausformung einer demokratischen Grundidee

Ausgehend von der Prämisse, daß es „einen dem politischen Demokratieprinzip vorgelagerten allgemeinen demokratischen Gedanken gebe“[17] wird der originär politische Charakter der Demokratie geleugnet und Demokratie im staatlichen oder sozialen Bereich als eine „besondere Ausformung der demokratischen Grundidee“ angesehen[18]. Auf dieser Grundlage bereitet die Begründung der Behauptung, Demokratie sei in ihrer Geltung weder auf den unmittelbaren staatlichen Bereich noch auf den Gesamtbereich des Politischen beschränkt, sondern „ein Prinzip der Daseinsgestaltung schlechthin, das sich auf alle Lebensbereiche bezieht“[19], keine Schwierigkeiten. Die Frage nach dem Geltungsbereich des demokratischen Prinzips stellt sich nicht.

---

[14] *Bracher*, Dilemma, S. 338.

[15] Siehe dazu unten II 2.

[16] *Martini*, Das Ende aller Sicherheit, 1955, S. 29 f.

[17] *Ryffel*, Der demokratische Gedanke, S. 197.

[18] *Hoefnagels*, Demokratisierung, S. 83.

[19] *Ryffel*, Der demokratische Gedanke, S. 197.

(2) Demokratie als Staatsformbestimmung

Im verfassungsrechtlichen Schrifttum überwiegt auch heute noch die Ansicht, das demokratische Prinzip sei in seiner Anwendung auf den staatlichen Bereich begrenzt[20]. Die engste Auffassung sieht in ihm eine bloße Staatsformbestimmung, wobei der Begriff des Staates im engen Sinn, d. h. mit Beschränkung auf den unmittelbaren Bereich der Verfassungsorganisation definiert wird[21].

(3) Demokratie als politisches Prinzip

Im Wege einer „Demokratieanalogie“[22] wird Demokratie über diesen engen Bereich der Staatsorganisation hinaus als ein Ordnungsprinzip betrachtet, das den gesamten Bereich des Politischen erfaßt. Demokratie wird damit vom staatsrechtlichen zum politischen Begriff, dessen Anwendungsbereich in die Sphäre des Gesellschaftlichen ausgedehnt wird. Danach erhält die Idee der Demokratie Verbindlichkeit etwa für Institutionen und Organisationen im gesellschaftlichen Bereich, die an der Willensbildung des Staates unmittelbar beteiligt und damit in einem metastaatlichen-metagesellschaftlichen Bereich angesiedelt sind. Als Beispiele werden Parteien, Verbände und Koalitionen angeführt. Das Verhältnis zwischen Staat und Gesellschaft und die Einordnung des Bereichs des Politischen gewinnt hier erneut an Aktualität.

(4) Demokratie als Lebensform[23]

(a) Die Verfechter einer Demokratie als Lebensform im *organisatorischen Sinn* fordern die gesamtgesellschaftliche Ausweitung dieses Prin-

---

[20] *Obermayer*, DB 71, 1718; *Hennis*, Demokratisierung, S. 33 f.; *F. Mayer*, Selbstverwaltung, S. 330 f., 334; Vgl. auch *Seibel*, Demokratische Kirche, in: Stimmen der Zeit, 1971, S. 361. Einschränkend *Ryffel*, Der demokratische Gedanke, S. 196.

[21] *Obermayer*, DB 71, 1718; *Leisner*, Mitbestimmung, S. 30; *W. Henke*, Parteien, S. 27; *Hennis*, Demokratisierung, S. 13; *Hesse*, Grundzüge, S. 52 ff. Die Kommentarliteratur zum Grundgesetz dokumentiert die Staatsbezogenheit des demokratischen Prinzips durch Nichterwähnung der Ausweitung der Demokratie auf außerstaatliche Bereiche (vgl. *von Mangoldt/Klein*, Bd. 1, S. 587, 593 ff.; *Wernicke*, in: Bonner Kommentar, Anm. II 1 c, II 2 a - c zu Art. 20; *Maunz*, in: Maunz/Dürig/Herzog, Rdnr. 29 ff. zu Art. 20). Vgl. auch *H. Peters*, Art. Demokratie, in: StL, Sp. 561; *Ridder*, Gewerkschaften, S. 13; *Isensee*, Subsidiaritätsprinzip, S. 264; *Heller*, Staatslehre, S. 246 ff.; *B. Heck*, Demokraten oder Demokratisierte, in: Die politische Meinung, 1969, Heft 3, S. 11.

[22] *Brünner*, JurBl 71, 161.

[23] *Hättich* (Demokratie, S. 54 ff., FN 16) weist zutreffend darauf hin, daß auch mit diesem, v. a. im politologischen Schrifttum verwendeten Terminus unterschiedliche Bedeutungen verknüpft werden. Danach ist zu differenzieren zwischen dem organisatorischen und dem moralisch-pädagogischen Gehalt dieses Begriffs. Beide Auffassungen gehen jedoch stets einher mit der Behauptung, die politische Demokratie bedürfe zu ihrer gesicherten Existenz einer Abstützung durch demokratische Strukturen und eine demokratische Lebensweise im gesellschaftlichen Bereich (siehe dazu unten, C II 3).

zips. Ihre Auffassung setzt die Aufhebung der begrifflichen Trennung zwischen Staat und Gesellschaft und eine totalitäre Interpretation[24] der demokratischen Idee voraus. Dieser im ursprünglichen Wortsinn „radikale“[25] Begriff der Demokratie soll nicht nur den staatlichen Bereich, sondern alle gesellschaftlichen Herrschaftsverhältnisse erfassen. Die Folge ist eine Politisierung aller sozialen Bereiche, also der Wirtschaft, des Bildungswesens, der Kirchen, des Verbandslebens usw.

(b) Die Auffassung von der Demokratie als Lebensform im *moralisch-pädagogischen Sinn* betrachtet das demokratische Prinzip nicht als formale Struktur von Institutionen, sondern als „Normensystem für das soziale Verhalten“[26]. Im Mittelpunkt dieses Demokratieverständnisses steht der nach einem bestimmten Verhaltenskodex, dem „democratic way of life“[27], erziehbare und zu einem bestimmten Menschenbild formbare Bürger. Dieser „Demokrat“[28] soll von einer ganz bestimmten (demokratischen) Geistes- und Lebenshaltung geprägt sein[29]. Demokratie wird damit zur Sache der persönlichen Lebensführung[30].

---

[24] *Hättich*, Demokratie, S. 53; *Brünner*, JurBl 71, 162. Zum Verhältnis zwischen Totalitarismus und Freiheit vgl.: *H. Peters*, Art. Demokratie, in: StL, Sp. 573; *Herzog*, DVBl 70, 715. Nach *Fraenkel* (Der Pluralismus als Strukturelement der freiheitlich-rechtsstaatlichen Demokratie, in: 45. DJT — 1964 — Bd. II Teil B, S. 6) übt der totalitäre Staat eine „soziale Omnipotenz“ aus. Zur totalitären Demokratie siehe *Talmon*, The Origins of Totalitarian Democracy, 1955; deutsch: Die Ursprünge der totalitären Demokratie, 1961; vgl. auch *Hornung*, Demokratisierung und Emanzipation, S. 70. *Friedrich* (Demokratie, S. 9) begreift totalitäre Demokratie als Gegensatz zur konstitutionellen Demokratie. *Bracher* (Dilemma, S. 276) spricht von absoluter oder totaler Demokratie.

[25] Siehe dazu grundlegend: *Mannheim*, Man and Society in an Age of Reconstruction, 1966, S. 44 ff.; deutsch: Mensch und Gesellschaft im Zeitalter des Umbaus, S. 52 ff. Vgl. auch: *Brünner*, JurBl 71, 161 ff.

[26] *Hättich*, Demokratie, S. 55.

[27] In diesem Sinne v. a.: *E. Kaufmann*, Grundtatsachen, S. 6, 16, 25 und passim; *Friedrich*, Demokratie, S. 41 ff.; *Eschenburg*, Verbände, S. 84; *Schüle*, Festgabe für Smend, 1952, S. 321 ff.; 326, 329 ff. und passim.

[28] *Hättich*, Demokratie, S. 56.

[29] *Bäumlin*, Art. Demokratie, in: EvStL, Sp. 369 f.

[30] *Schüle*, Festgabe für Smend, 1952, S. 329 ff. *Schüle* hat, ausgehend von Grundsätzen, die er für die politische Demokratie als wesentlich erachtet, darzustellen versucht, „worin eigentlich die demokratische Lebensform besteht, was sie von den Menschen in ihrem Alltagsumgang verlangt und wodurch sie sich von Lebensformen unter anderen politischen Systemen unterscheidet“ (S. 329). Danach setze Demokratie im privaten Bereich „in erster Linie eine bestimmte geistige Grundhaltung (ebenso *E. Kaufmann*, Grundtatsachen, S. 6) voraus, eine innere Aufgeschlossenheit gegenüber den sozialen Gemeinschaften“. Demokratie verlange eine „Überwindung der Ichperspektive des Einzelnen und ihre Ersetzung durch ein Gemeinschaftsgefühl“ (S. 229) und erwarte vom einzelnen, „sich für das Ganze verantwortlich zu fühlen“. Eremit, Egozentriker und Individualist verhielten sich danach „im Keime undemokratisch“ (S. 330). Über diese geistige Grundhaltung hinaus mache die „Achtung vor der Menschenwürde und das Gebot der Gleichbehandlung“ (S. 331) auch im privaten Bereich demokratische Lebensform aus. Danach verlange Demokratie,

II. Der staatsrechtliche Begriff der Demokratie

1. Der Inhalt des staatsrechtlichen Begriffs der Demokratie

a) Demokratie als „Volksherrschaft“

Ausgehend von der wörtlichen Bedeutung des Begriffs der Demokratie wird das Wesentliche der demokratischen Staatsform in der „Selbstregierung des Volkes“[31], „der Regierung des Volkes durch das Volk“[32] gesehen[33]. Dieser Interpretation des Demokratiebegriffs wohnt ein ideologisches Moment[34] inne: Sie bedient sich der Fiktion, daß eine Aufhebung des Unterschiedes zwischen Herrschaftssubjekt und Herrschaftsobjekt möglich sei und gelangt so zu einer Identität zwischen Regierenden und Regierten[35]. Gleichzeitig trifft sie eine Aussage über den Träger der Staatsgewalt[36].

b) Demokratie als Legitimation politischer Herrschaftsmacht durch das Volk

Gegen diese Identitätstheorie ist (zurecht) eingewandt worden, daß es a priori eine Staatsgewalt, als deren Träger das Volk eingesetzt werden könnte, nicht gebe[37]. Mit dem Begriff der Demokratie sei deshalb nicht die „Einsetzung eines Trägers in eine vorfindliche abstrakte und prinzipiell unumschränkte Staatsgewalt, sondern die (verfassungsrechtliche)

„daß niemand sich für etwas besseres halte als den anderen, daß jeder seinen Mitmenschen als seinesgleichen ansehe“ (S. 333). Weiterhin sei es selbstverständlich, daß das Prinzip der freien Meinungsäußerung auch in der privaten Sphäre Geltung haben müsse in Form der Verpflichtung, „den anderen anzuhören und ihn zu Wort kommen zu lassen“, aber auch in der Verpflichtung, selbst das Wort zu nehmen (S. 336). Schließlich enthalte demokratische Lebensform auch die Fähigkeit zum Kompromiß (S. 338), die Tugend des „Maßhaltens im Erfolg und der „guten Miene“ gegenüber dem Mißerfolg“ (S. 340). *Kriele* (VVdStRL 29 — 1971 — S. 72 ff.) spricht, ohne jedoch den politischen Charakter des Begriffs der Demokratie zu leugnen, von demokratischen „Konventionalregeln im Bereich des Verfassungslebens“, von deren Einhaltung die Stabilität der Demokratie letztlich abhänge. Es sei eine Aufgabe der Staatsrechtslehre, diese Regeln zu bezeichnen und zu präzisieren. Als Beispiele nennt er u. a. die Forderung auf Mandatsniederlegung bei Parteiwechsel, die Respektierung einer parlamentarisch nicht repräsentierten Opposition bis zur Toleranzgrenze organisierter Verfassungsfeindlichkeit und die Beachtung von Vertraulichkeitsregeln, auch wenn dies nicht strafbar ist.

[31] *Leibholz*, VVdStRL 29 (1971), S. 103 (Diskussion).

[32] So auch *Leibholz*, Strukturprobleme, S. 143 (vgl. aber S. 145 ff.).

[33] Zu diesem Demokratieverständnis vgl. die ausführliche Kritik bei *Hättich*, Demokratie, S. 27 ff. und *Jahrreiß*, Festschrift für Thoma, 1950, S. 71.

[34] *Hättich*, Demokratie, S. 27 ff.

[35] Siehe dazu *Schmitt*, Verfassungslehre, S. 223, 234.

[36] *Bäumlin*, Art. Demokratie, in: EvStL, Sp. 362 f.

[37] *Bäumlin*, Art. Demokratie, in: EvStL, Sp. 363; *Hesse*, Grundzüge, S. 54. Über die Bedeutung des konkreten Verfassungssatzes des Art. 20 Satz 1 GG vgl. unten C II und *Imboden*, Die politischen Systeme, 1962, S. 18.

Begründung konkreter Herrschaftsbefugnisse"[38] verbunden. Das demokratische Prinzip gebe damit Antwort auf die Frage nach der Legitimation politischer Herrschaft[39], nicht dagegen darauf, wer diese Herrschaftsbefugnisse in der konkreten verfassungsrechtlichen Lage ausübe[40]. Dies sei ein Problem der organisatorischen Ausgestaltung der demokratischen Staatsform[41].

Es besteht heute weitgehend Einigkeit darüber, daß es eine Selbstregierung des Volkes im Sinne einer direkten, unmittelbaren Ausübung der Staatsgewalt durch die Gesamtheit des Volkes aus tatsächlichen Gründen nicht geben kann[42]. Dies gilt auch für die der Idee der Selbstregierung des Volkes am nächsten liegende Staatsform der unmittelbaren Demokratie. Die Idee der Legitimation der politischen Herrschaft und damit aller staatlicher Gewalt durch den Willen des regierten Volkes macht die Übertragung dieser Herrschaftsbefugnisse auf Staatsorgane nicht überflüssig[43]. Denn die demokratische Idee fordert — wie ihr Begriff impliziert — keine herrschaftslose Ordnung[44], sondern bindet die politische Herrschaft lediglich an die revozierbare Zustimmung der Herrschaftsobjekte. Nur in diesem Sinne kann von Volkssouveränität als dem die Demokratie prägenden Prinzip gesprochen werden[45].

2. Die Elemente der Demokratie im staatsrechtlichen Sinn[46]

a) Die Idee der Volkssouveränität

Die Idee der Volkssouveränität[47] fordert, daß alle im Staat ausgeübte Herrschaftsmacht einzig auf den Willen des Gesamtvolkes rückführbar[48]

---

[38] *Hesse,* Grundzüge, S. 54. Im gleichen Sinn etwa *H. Peters,* Art. Demokratie, in: StL, Sp. 561.

[39] *Hättich,* Demokratie, S. 14.

[40] *Herzog,* Allg. Staatslehre, S. 204.

[41] Zu diesem abweichenden Verständnis der Idee der Volkssouveränität vgl. auch *von der Heydte,* Art. Volkssouveränität, in: StL, Sp. 355.

[42] *Friedrich,* Demokratie, S. 9; *Hesse,* Grundzüge, S. 54; *Hättich,* Demokratie, S. 27, 32; *H. Peters,* Art. Demokratie, in: StL, Sp. 561. Vgl. auch *B. Heck,* Demokraten oder Demokratisierte, in: Die politische Meinung, 1969, Heft 3, S. 14; *Herzog,* Allg. Staatslehre, S. 207 f.

[43] Auf diese beiden Aspekte macht *Hättich* (Demokratie, S. 31) aufmerksam.

[44] Zum Ideal des herrschaftslosen Zustandes vgl. z. B.: *Herb. Krüger,* Allg. Staatslehre, S. 654 ff.; *Hesse,* Grundzüge, S. 55; *Schmitt Glaeser,* VVdStRL 31 (1973), S. 211.

[45] Zum Begriff der Volkssouveränität siehe *Herzog,* Allg. Staatslehre, S. 201 ff.; *Hättich,* Demokratie, S. 139 ff.; *H. Peters,* Art. Demokratie, in: StL, Sp. 563; *Friedrich,* Demokratie, S. 23. Vgl. auch *Kriele,* VVdStRL 29 (1971), S. 53 f.; *von der Heydte,* Art. Volkssouveränität, in: StL, Sp. 355.

[46] In Anlehnung an *H. Peters* (Art. Demokratie, in: StL, Sp. 563 ff.) kann zwischen den materiellen und den formalen Elementen der Demokratie unterschieden werden. Während jene den Gehalt des demokratischen Prinzips bestimmen, kommt diesen die Aufgabe zu, die Verwirklichung des normativen Gehalts der demokratischen Idee zu gewährleisten.

und unabhängig von dritten Gewalten ist. Jeder Amtswalter muß sein Mandat unmittelbar oder mittelbar auf einen Willensakt des Volkes stützen können[49]. Die Willensbildung des Staates ist durch die Willensbildung des Volkes vorbestimmt.

b) Politische Freiheit und politische Gleichheit

Die Verbindung von Demokratie und politischer Freiheit[50] folgt aus dem Grundsatz der Volkssouveränität[51]. Dieser setzt die Garantie kollektiver politischer Freiheit des Volkes zur Selbstbestimmung durch Einräumung der Legitimationsgewalt und die Gewährleistung individueller politischer Freiheit des einzelnen zur unbehinderten Teilnahme am Prozeß der Willensbildung des Volkes voraus[52]. Ohne politische Gleichheit[53] der Staatsbürger ist Demokratie nicht zu verwirklichen[54]. Die Legitimation aller Hoheitsgewalt durch das Volk erfordert die formale und materiale Gleichheit aller Bürger bei Ausübung ihrer Mitwirkungsrechte an der Willensbildung des Volkes in Form gleicher Zugangsmöglichkeiten zu Wahlen und Abstimmungen und der Gleichwertigkeit ihrer Stimmen (allgemeines und gleiches Wahl- bzw. Abstimmungsrecht)[55]. Je mehr formale politische Gleichheit verwirklicht ist, desto vollendeter ist dem Prinzip der Volkssouveränität Rechnung getragen[56].

c) Das Rechtsstaatsprinzip

Das Verhältnis zwischen Demokratie und Rechtsstaatsprinzip ist umstritten. Werden der Grundsatz der Volkssouveränität und die zu seiner

---

[47] Zur Geschichte der Lehre von der Volkssouveränität vgl. *G. Jellinek*, Allg. Staatslehre, S. 435 ff.; 707 ff.; *Dagtoglou*, Art. Souveränität, in: EvStL, Sp. 2323 f.; *von der Heydte*, Art. Volkssouveränität, in: StL, Sp. 353 f. Vgl. auch *Herzog*, Allg. Staatslehre, S. 49 f. und *Ryffel*, Rechts- und Staatsphilosophie, S. 436 ff.

[48] *Herzog*, Allg. Staatslehre, S. 208; *H. Peters*, Art. Demokratie, in: StL, Sp. 563. Ähnlich *Hättich*, Demokratie, S. 142.

[49] *Herzog*, Allg. Staatslehre, S. 210.

[50] Zum rechtsphilosophischen Freiheitsbegriff siehe *Zippelius*, Art. Freiheit, in: EvStL, Sp. 741 ff., insbes. Sp. 745. Zum demokratischen und liberalen Begriff der Freiheit siehe *H. H. Klein*, Grundrechte, S. 53 ff.

[51] *Leibholz* (Strukturprobleme, S.153) sieht die Notwendigkeit der Verbindung zwischen Demokratie und Freiheit darin, daß ohne sie „Gleichheit nicht verwirklicht werden kann" und spricht deshalb von einem „Korrelatverhältnis" zwischen Freiheit und Gleichheit (ähnlich *Hättich*, Demokratie, S. 144).

[52] *H. Peters*, Art. Demokratie, in: StL, Sp. 564. Ebenso *Jahrreiß*, Festschrift für Thoma, 1950, S. 76 f.

[53] Siehe dazu insbes. *Herzog*, DVBl 70, 713.

[54] Nach *Leibholz* (Strukturprobleme, S. 147) das „Kardinalprinzip" der Demokratie; ähnlich *Schüle*, Festgabe für Smend, 1952, S. 331; *Brünner*, JurBl 71, 163.

[55] Zur materiellen Gleichbehandlungspflicht des Staates vgl. insbes. *Herzog* (Art. Gleichheitssatz, in: EvStL, Sp. 898 f.; *ders.*, DVBl 70, 713 f.) und zuletzt *Dürig*, in: Maunz/Dürig/Herzog, Art. 3 Rdnr. 303 ff.

[56] Ähnlich *Leibholz*, Strukturprobleme, S. 147.

Verwirklichung vorausgesetzten Prinzipien der politischen Gleichheit und Freiheit als die essentiellen Elemente der Demokratie angesehen, so ist der Gedanke der Rechtsstaatlichkeit für die demokratische Idee nicht konstitutiv[57]. Demokratie ist dann in der Tat „wertneutral"[58]. Mit der Entscheidung für die Demokratie als Staatsform der Legitimierung aller Staatsgewalt durch den Willen des Volkes ist noch keine Aussage über Gegenstand und Ergebnis des staatlichen Willensbildungsprozesses getroffen. Der demokratische Staat ist vielmehr von Natur aus „absolut", d. h. nur dem Grundsatz der Volkssouveränität und nicht dem Recht verpflichtet und „totalitär", d. h. in seinem Regelungsbereich unbeschränkt[59].

d) Die Idee der Gewaltenteilung

Die Idee der Gewaltenteilung ist dem demokratischen Prinzip nicht immanent[60]. Trifft das demokratische Prinzip nur eine Aussage über die Legitimation der Staatsgewalt und deren Träger, so regelt das Prinzip der Gewaltenteilung die Organisation und das Verhältnis der diese Staatsgewalt tatsächlich ausübenden Organe[61]. Die Übertragung der durch den Volkswillen legitimierten Herrschaftsbefugnisse auf institutionell selbständige Staatsorgane, deren Kompetenzbereiche sich zum Zweck gegenseitiger Machtmißbrauchskontrolle überschneiden[62], ist eine Forderung des Rechtsstaatsprinzips[63]. Denn nur diese „Verkleinerung"[64] der Staatsgewalt in der gewaltenteiligen Demokratie bietet dem Bürger

---

[57] A. A. *H. Peters* (Art. Demokratie, in: StL, Sp. 564 f.), der die „traditionelle Unterscheidung von Rechtsstaat und Demokratie nicht mehr gelten lassen" will. Ähnlich: *Böckenförde*, Der Staat, Bd. 9 (1970), 572; *ders.*, VVdStRL 18 (1970), S. 56 f., Anm. 73; *Kriele*, VVdStRL 29 (1971), S. 130 (Schlußwort). *Maunz* (Staatsrecht, S. 77) stellt die Frage, ob es nicht „zu den der bürgerlichen Demokratie innewohnenden (immanenten) Grenzen gehöre", daß die rechtsstaatlichen Grundlagen unantastbar sind. Ähnlich *Bäumlin*, Art. Demokratie, in: EvStL, Sp. 368.

[58] *H. Peters* (Art. Demokratie, in: StL, Sp. 564) lehnt dies ab.

[59] Zu diesen Begriffen siehe unten, Anm. 71.

[60] A. A. *Bäumlin*, Art. Demokratie, in: EvStL, Sp. 368; mit Einschränkung wie hier *H. Peters*, Art. Demokratie, in: StL, Sp. 568.

[61] Zum Verhältnis von Gewaltenteilung und Demokratie vgl. auch: *E. Kaufmann*, Grundtatsachen, S. 8 ff.

[62] Zum Prinzip der Gewaltenteilung aus historischer und gegenwärtiger Sicht siehe u. a. *Herzog*, Allg. Staatslehre, S. 228 ff. Kompetenzüberschreitungen stellen damit keine Durchbrechung des Gewaltenteilungsprinzips dar. (So aber *H. Peters*, Art. Demokratie, in: StL, Sp. 571). Sie sind vielmehr eine notwendige Folge der Gewaltenkontrolle als ein Element der Gewaltenteilungslehre (*Herzog* — Allg. Staatslehre, S. 229 f. — bezeichnet dieses Phänomen zutreffend als „Gewaltenverzahnung").

[63] *Hoffmann*, DÖV 54, 326; *Maunz/Dürig*, in: Maunz/Dürig/Herzog, Rdnr. 74 zu Art. 20; *Bäumlin*, Art. Rechtsstaat, in: EvStL, Sp. 2048 ff.; *von Mangoldt/Klein*, Bd. I, S. 601; *Ossenbühl*, VVdStRL 29 (1971), S. 159.

[64] *Herzog*, Allg. Staatslehre, S. 228 f.; vgl. auch BVerfGE 9, 279.

Schutz vor der Omnipotenz staatlicher Macht und hemmt die Gefahr unberechenbarer Willkür.

3. Die Arten der Demokratie im staatsrechtlichen Sinn

a) *Materielle Kriterien*

(1) Freiheitliche und egalitäre Demokratie

Freiheit und Gleichheit sind der demokratischen Idee nur insoweit immanent, als sie zur Verwirklichung der inneren Souveränität des Volkes notwendig sind. Der demokratische Staat muß deshalb dem einzelnen soviel *politische* Gleichheit gewähren, daß diesem die gleichberechtigte Mitwirkung an der Willensbildung des Volkes möglich ist und soviel *politische* Freiheit[65], wie dieser zur unbehinderten Ausübung seines Rechts auf Beteiligung an diesem Prozeß bedarf.

Die Gewährung *persönlicher* Freiheit i. S. freier Lebensführung und das Gebot *personaler* Gleichheit i. S. gleicher Lebensverhältnisse sind keine Folgen der demokratischen Idee, sondern basieren auf der weltanschaulichen Konzeption, die der konkreten demokratischen Verfassungsordnung zugrundeliegt[66].

Das Verhältnis von persönlicher Freiheit und persönlicher Gleichheit ist nicht harmonisch, sondern von einer permanenten Spannungslage bestimmt[67]. Die Prävalenz eines dieser Elemente hat die Beschränkung des anderen zur Folge. Die Staatsformenlehre unterscheidet danach zwischen der „freiheitlichen“[68] als derjenigen Demokratie, die der Komponente der persönlichen Freiheit den Vorzug gibt und der „egalitären“[69] Demokratie, die die Herstellung materieller Gleichheit bevorzugt. Da dieses Ziel nur unter Beschränkung der persönlichen Freiheitsräume des einzelnen zu erreichen ist, wohnt der egalitären Demokratie auch ein totalitäres Moment inne.

---

[65] Dagegen schließt nach *von der Heydte* (Art. Volkssouveränität, in: StL, Sp. 354) der Grundsatz der Volkssouveränität allein die Anerkennung des Freiheitsgedankens im gesellschaftlichen und politischen Raum nicht ein.

[66] Die Forderung nach gleichen Entfaltungschancen des Menschen läßt sich deshalb mit den freiheitlichen und egalitären Elementen der Demokratie nicht rechtfertigen (so aber *Ryffel*, Der demokratische Gedanke, S. 202 ff.).

[67] *Birkner*, Art. Gleichheit und Freiheit, in: EvStL, Sp. 900; *H. Peters*, Art. Demokratie, in: StL, Sp. 565; *Leibholz*, Strukturprobleme, S. 152; *ders.*, VVdStRL 29 (1971), S. 105 (Diskussion). Zum Verhältnis von Freiheit und Gleichheit vgl. auch *Herzog*, Allg. Staatslehre, S. 383; *Herb. Krüger*, Allg. Staatslehre, S. 530 ff.

[68] Zum Begriff der freiheitlichen Demokratie vgl. *Simson*, VVdStRL 29 (1971), S. 17 ff.; *Herzog*, DVBl 70, 715. Grundsätzlich abweichend *Ridder*, Gewerkschaften, S. 13 f.

[69] Zum Begriff der egalitären Demokratie siehe: *H. Peters*, Art. Demokratie, in: StL, Sp. 571, 581; *Leibholz*, Strukturprobleme, S. 149.

(2) Absolute, totale und rechtsstaatliche Demokratie

Die demokratische Idee muß sich in der konkreten Verfassungsordnung des Staates verwirklichen. Praktische Demokratie ist deshalb immer „konstitutionelle Demokratie“[70]. Verzichtet die Staatsverfassung auf eine normative Begrenzung des Staatswillens und die Einschränkung seines Geltungsbereichs, so erlangt das demokratische Prinzip absolute[71] und totale Verbindlichkeit. Mit dem Bekenntnis zur rechtsstaatlichen Demokratie[72] errichtet die Verfassung eine materielle Schranke gegen die „demokratische Überwältigung“[73] der Freiheit. Je nach dem Stellenwert[74] des Rechtsstaatsprinzips wird die Willensbildung der demokratisch legitimierten Staatsorgane bloß formalen Anforderungen unterworfen, inhaltlich bestimmt oder aber die Disposition über bestimmte Grundprinzipien und Institutionen des Staates und den Freiheitsraum des einzelnen vollständig ausgeschlossen.

b) Formale Kriterien

(1) Unbeschränkte und beschränkte Demokratie

Die demokratische Willensbildung kann quantitativen und qualitativen Beschränkungen unterworfen sein. Im Prozeß der Willensbildung des Volkes können diese in einer Begrenzung des Kreises der mitwirkungsberechtigten Bürger unter den Gesichtspunkten des Alters, des Geschlechts, des Standes usw. bestehen. Bei der staatlichen Willensbil-

[70] Siehe dazu *Friedrich* (Demokratie, S. 9) einerseits, der diesen Begriff überwiegend formal definiert und *Badura* (VVdStRL 29 — 1971 — S. 96 — Diskussion) andererseits, der damit bereits ein materielles Element verbindet.

[71] Zum Begriff der absoluten Demokratie siehe: *H. Peters*, Art. Demokratie, in: StL, Sp. 571; *Bäumlin*, Die rechtsstaatliche Demokratie, S. 87; *Friedrich*, Demokratie, S. 14; *Kägi*, Festschrift für Giacometti, 1953, S. 109. Die Verwendung dieses Begriffs ist nicht einheitlich. So benützt *H. Peters* (a.a.O.) den Begriff auch für die Kennzeichnung einer Demokratie, in der die Zahl der mitwirkungsberechtigten Bürger unbegrenzt ist. *Kägi* (a.a.O., S. 111) gebraucht demgegenüber „absolut“ i. S. von „allzuständig“.

[72] Zu diesem Begriff vgl. grundlegend: *Kägi*, Festschrift für Giacometti, 1953, S. 107 ff., 132 ff. und passim; *Bäumlin*, Die rechtsstaatliche Demokratie; *ders.*, Art. Demokratie, in: EvStL, Sp. 368 f.; *Simson*, VVdStRL 29 (1971), S. 15 ff. Zum Verhältnis zwischen Rechtsstaat und Demokratie vgl. auch: *Jahrreiß*, Demokratischer Rechtsstaat und Rechtsprechung, in: Recht — Staat — Wirtschaft, Bd. II, 1950, S. 210 f.; *Maunz*, Staatsrecht, S. 64; *von Münch*, VVdStRL 29 (1971), S. 109 f. (Diskussion); *H. H. Klein*, ebenda, S. 120 f.; *Kriele*, ebenda, S. 130 f.

[73] *Forsthoff*, nach *H. H. Klein*, VVdStRL 29 (1971), S. 120.

[74] *Kägi* (Festschrift für Giacometti, 1953, S. 141) sieht das Rechtsstaatsgebot offensichtlich als das ranghöhere Prinzip an und spricht folgerichtig vom „demokratischen Rechtsstaat“. Zur Frage der Harmonisierbarkeit von Rechtsstaatsprinzip und Demokratie siehe: *Bäumlin*, Die rechtsstaatliche Demokratie, S. 90 ff.; *Kägi*, a.a.O., S. 141; *Hesse*, Der Rechtsstaat im Verfassungssystem des Grundgesetzes, in: Festgabe für Smend, 1962, S. 93; *Scheuner*, Festschrift zum 100jährigen Bestehen des Deutschen Juristentages, 1960, 2. Bd., S. 229 ff.

dung erfolgen sie durch Beschneidung der Kompetenzen des Willensbildungsorgans durch Bindung an zustimmende Willensbildungsakte anderer, verfassungsrechtlich verankerter — z. B. föderalistischer — Institutionen[75].

(2) Unmittelbare und mittelbare Demokratie

In der unmittelbaren[76] (plebiszitären[77], direkten)[78] Demokratie erfolgt die politische Willensbildung des Volkes in wichtigen Angelegenheiten (Verfassungsänderungen, Legislativakte, Wahl der Exekutiv- und Judikativorgane usw.) durch einen Gesamtakt des Staatsvolkes (Volksentscheid-, -begehren, Referendum, Volkswahl usw.) ohne Zwischenschaltung eines besonderen Willensbildungsorgans[79]. In der mittelbaren[80] (repräsentativen[81], indirekten)[82] Demokratie dagegen bedient sich das Staatsvolk (bei seiner Willensbildung) eines Mittlers in Form eines eigenen, ebenfalls durch demokratische Wahlen konstituierten und legitimierten Willensbildungsorgans, das den Willen des gesamten Volkes für die Dauer seiner Amtszeit repräsentiert. Die Vertreter des Volkes in diesem Organ sind entweder von einem Auftrag des Wählers vollkommen unabhängig und üben ihr Mandat in „auftragsfreier Repräsentation aus"[83], oder aber an die Weisungen des Mehrheitsbeschlusses des Entsendungsorgans gebunden, also mit einem „imperativen Mandat" ausgestattet. Letzteres System wird im allgemeinen als „Rätesystem"[84] bezeichnet. Die Bindung des Abgeordneten an den Wählerauftrag wird durch die Möglichkeit jederzeitiger Abberufung dokumentiert und sanktioniert.

---

[75] Zum Begriff der beschränkten Demokratie siehe *H. Peters*, Art. Demokratie, in: StL, Sp. 572.

[76] *H. Peters*, Art. Demokratie, in: StL, Sp. 570; *von Mangoldt/Klein*, Bd. I, S. 593.

[77] *Bäumlin*, Art. Demokratie, in: EvStL, Sp. 366.

[78] *von Mangoldt/Klein*, Bd. I, S. 593; *Bäumlin*, Art. Demokratie, in: EvStL, Sp. 366. Zu den tatsächlichen Voraussetzungen einer plebiszitär ausgerichteten Demokratie sowie der Unterscheidung zwischen unmittelbarer und mittelbarer Demokratie siehe u. a. *Herzog*, Allg. Staatslehre, S. 204 ff.

[79] *Herzog* (Allg. Staatslehre, S. 205) sieht das Kennzeichen unmittelbarer Demokratie nicht in der unvermittelten Willensbildung, sondern in der Identität zwischen Träger und Ausübendem der Staatsgewalt (S. 205).

[80] Vgl. Anm. 76.

[81] Vgl. Anm. 76.

[82] *Bäumlin*, Art. Demokratie, in: EvStL, Sp. 366.

[83] Zum Prinzip der Repräsentation vgl. *Leibholz*, Art. Repräsentation, in: EvStL, Sp. 2194 ff.; *ders.*, Strukturprobleme, S. 145 ff.

[84] Siehe dazu zuletzt *Kriele*, VVdStRL 29 (1971), S. 54 mit Nachweisen, vgl. auch *von Beyme*, Interessengruppen, S. 183 ff. und *Herzog*, Allg. Staatslehre, S. 218 f. Eine informative Zusammenstellung findet sich bei *Ritter*, Direkte Demokratie und Rätewesen in Geschichte und Theorie, in: *Scheuch* (Hg.), Die Wiedertäufer der Wohlstandsgesellschaft 1968, S. 205 - 210.

(3) Parlamentarische Demokratie und Präsidialsystem

Der Inhalt des Prinzips der parlamentarischen Demokratie[85] ist mit dem Vorhandensein einer Volksvertretung nicht umschrieben. Die parlamentarische Demokratie stellt vielmehr eine besondere Ausformung des — durch das Gewaltenteilungsprinzip bestimmten — Verhältnisses zwischen Parlament und Regierung dar. „Parlamentarisch" ist danach nur diejenige repräsentative Demokratie, in der die Regierung für die in ihrem Bereich getroffene Entscheidung dem Parlament gegenüber verantwortlich[86], in ihrem Bestand und folglich auch in ihrer Geschäftsführung vom Vertrauen des Parlaments abhängig ist"[87] und durch ein Mißtrauensvotum seitens des Parlaments gestürzt werden kann[88].

Demgegenüber fehlt es in der sogenannten „präsidialen Demokratie"[89] an einer derartigen direkten Abhängigkeit der Exekutive vom Parlament. Zwar geht auch in diesem System die Spitze der Exekutive aus demokratischen Wahlen hervor, erhält ihre Legitimation jedoch nicht durch einen Willensakt des Parlaments und ist deshalb in ihrem Fortbestand grundsätzlich nicht von dessen Vertrauen abhängig.

III. Möglichkeiten und Grenzen einer einheitlichen Definition des Demokratiebegriffs

Die Mehrdeutigkeit des Begriffs der Demokratie in Politik und Wissenschaft und seine vielfältigen Ausformungen im staatsrechtlichen Bereich sind ausführlich dargelegt worden. Dies hat die Schwierigkeiten offenbart, „über Demokratie konkret zu diskutieren, wenn es sich nicht um Demokratie nach Maßgabe einer bestimmten Verfassung handelt"[90]. Denn ein a priori feststehender, von Zeit und Ort unabhängiger Begriff der Demokratie besteht nicht[91]. Das Bemühen um einen abstrakten Demokratiebegriff kann deshalb keine Früchte tragen[92].

---

[85] Der Grundsatz der parlamentarischen Verantwortlichkeit und Kontrolle (siehe dazu insbes. *Herzog*, Allg. Staatslehre, S. 350 ff.; *ders.*, Art. Parlamentarisches System, in: EvStL, Sp. 1766 ff.; *Kluxen* — Hg. —, Parlamentarismus, 1967) ist weder mit dem demokratischen Prinzip identisch, noch einer ihrer unverzichtbaren Bestandteile. Damit wird nicht geleugnet, daß das parlamentarische Prinzip zur optimalen Verwirklichung des demokratischen Gedankens beiträgt, in der mittelbaren Demokratie sogar unverzichtbar ist.

[86] Bayer. VerfGHE 4, 47; ebenso BVerfGE 9, 281 f.

[87] Zum Prinzip der Repräsentation vgl. *Leibholz*, Art. Repräsentation, in: EvStL, Sp. 1766 f.

[88] *H. Peters*, Art. Demokratie, in: StL, Sp. 571.

[89] Vgl. dazu *Herzog*, Art. Parlamentarisches System, in: EvStL, Sp. 1767. *Peters* bezeichnet dieses System folgerichtig als „gewaltentrennende Demokratie" (Art. Demokratie, in: StL, Sp. 571).

[90] *Doehring*, VVdStRL 29 (1971), S. 110 (Diskussion).

[91] *Leibholz*, Strukturprobleme, S. 80.

Der wertausfüllungsbedürftige Begriff der Demokratie ist vielmehr „historisch wandelbar“[93] und bedarf deshalb von seinen konstanten essentiellen Merkmalen abgesehen[94], für jede verfassungsrechtliche Lage einer neuen Inhaltsbestimmung[95].

Der verfassungsrechtlichen Erörterung eines Problems unter dem Gesichtspunkt der Demokratie muß deshalb zunächst, von der Ideengeschichte dieses Prinzips ausgehend, „an Hand der konkreten Ausformung der demokratischen Idee in der jeweiligen Verfassung“[96] die Feststellung des verfassungsrechtlich maßgeblichen Bedeutungsinhalts der (konstitutionellen)[97] Demokratie vorausgehen.

B. Die Forderung nach Demokratisierung[98]

I. Die Gegenstände der Forderung nach Demokratisierung

Wie der Begriff der Demokratie so ist auch der Begriff der Demokratisierung dem bei staatsrechtlichen Begriffen allgemein zu beobachtenden Sprachverfall erlegen und damit seiner Klarheit beraubt. Als „ge-

---

[92] *Hättich*, Demokratie, S. 20. Im gleichen Sinne *Jahrreiß*, in: Festschrift für Thoma, 1950, S. 73

[93] *Leibholz*, Strukturprobleme, S. 80.

[94] *Hättich*, Demokratie, S. 19.

[95] Siehe dazu *H. Peters*, Art. Demokratie, in: StL, Sp. 560 f. und *denselben* zur Wandlung der demokratischen Idee in den geistesgeschichtlichen Strömungen der neueren Zeit (Sp. 574 ff.).

[96] *Hesse*, Grundzüge, S. 52.

[97] *Friedrich*, Demokratie, S. 9.

[98] Die Literatur zu diesem Begriff ist mittlerweile unüberschaubar. Eine Auswahl der wichtigsten Veröffentlichungen der letzten 10 Jahre enthält die Bibliographie von *Antritter*, in: *Greiffenhagen* (Hg.), Demokratisierung in Staat und Gesellschaft, 1973, S. 427 ff. Besondere Erwähnung verdienen: *Hennis*, Demokratisierung; *Gehlen*, Demokratisierung, in: Demokratie und Verwaltung, 25 Jahre Hochschule für Verwaltungswissenschaften Speyer, 1972, S. 179 ff.; *Hentig*, Die Sache und die Demokratie, in: Die neue Sammlung, Heft 2 (März/April) 1969, S. 101 ff.; *Jaeggi*, Macht und Herrschaft, 1969, S. 85 ff.; *Herb. Krüger*, Die deutsche Staatlichkeit im Jahre 1971, in: Der Staat, Bd. 10 (1971), S. 18 ff.; *E. Küchenhoff*, Möglichkeiten und Grenzen begrifflicher Klarheit in der Staatsformenlehre, in: Schriften zur politischen Wissenschaft, Bd. I/1, 1967, S. 591 ff.; *Lohmar*, Demokratisierung in Deutschland, 1969: Kommission zur Beratung der Bundesregierung in Fragen der politischen Bildung (Hg.); Demokratisierung — Colloquium über einen umstrittenen Begriff, in: Aus Politik und Zeitgeschichte, B 18/71, S. 3 ff.; *Hornung*, Demokratisierung und Emanzipation als Probleme, in: *Pfizer* (Hg.), Bürger im Staat, Politische Bildung im Wandel, 1971; *Blümel*, Demokratisierung der Planung, in: Festschrift für Forsthoff, 1972, S. 10 ff.; *von Schrenck/Norzing*, Demokratisierung, Konfrontation und Wirklichkeit, 1972; *M. Weber*, Wirtschaft und Gesellschaft, 2. Auflage 1925, Bd. 2, S. 666 ff.; *Willke* und *Helmut*, Die Forderung nach Demo-

dankenlose liberale Parole“[99] ohne jeden konkreten Bedeutungsinhalt wird dieser Begriff mit jedem nur denkbaren Lebensbereich in Verbindung gebracht[100]. So werden staatliche Institutionen (wie Verwaltung, Justiz und Streitkräfte) und Agenden (wie z. B. die Planungs- und Entscheidungsprozesse) zum Gegenstand der Forderung nach Demokratisierung gemacht. Daneben wird die „Demokratisierung“ öffentlicher Bereiche, wie der politischen Parteien und der Verbände, von Wissenschaft, Bildung und Ausbildung (in Schulen und Hochschulen), der Wirtschaft, der Massenkommunikationsmittel (Presse, Rundfunk und Fernsehen) und der Kunst (Literatur, Film und Theater), sowie der Kirchen und des Gesundheitswesens gefordert. Auch die Familie als der private Bereich par excellence bleibt von Demokratisierungsbestrebungen nicht verschont.

II. Die Inhalte der Forderung nach Demokratisierung

1. Die Optimierung der Lebensverhältnisse

In den Auseinandersetzungen der Tagespolitik wird der Begriff der Demokratisierung als „Synonym für mehr Liberalität, Offenheit, besseres ‚Betriebsklima‘ “[101], für mehr „Lebensqualität“ gebraucht. Seine Verwendung befreit von der Verpflichtung zur sachlichen Argumentation. Selbst politische Forderungen ohne jede sachliche Substanz erhalten durch die Heranziehung dieses Schlagworts verbales Gewicht. Die Etikettierung einer angestrebten Veränderung als Demokratisierung macht diese für den politischen Gegner sakrosankt und verleiht ihr gar (schein-) verfassungsrechtlichen Nachdruck.

2. Die Beseitigung jeglicher Herrschaft über Menschen

Konkreten programmatischen Inhalt gewinnt die Forderung nach Demokratisierung, wenn sie als Prozeß der Beseitigung sämtlicher hierarchischer Machtstrukturen verstanden wird, die Herrschaft von Menschen über Menschen mit sich bringen. Für diese Auffassung stehen nicht die sozialen oder politischen Funktionen eines Lebensbereichs, sondern die in ihm bestehenden Subordinationsverhältnisse im Vordergrund. Dabei werden die Unterschiede zwischen der (politischen) Macht eines Trägers staatlicher Gewalt und der (gesellschaftlichen) Macht von Verbänden,

---

kratisierung von Staat und Gesellschaft, in: Aus Politik und Zeitgeschichte, B 7/71, S. 3 ff.

[99] *Hennis*, Demokratisierung, S. 15.

[100] Die folgende Kategorisierung hält sich weitgehend an die Übersicht bei *Antritter*, in: Greiffenhagen (Hg.), Demokratisierung in Staat und Gesellschaft, 1973, S. 427 ff.

[101] *Hennis*, Demokratisierung, S. 15.

Massenkommunikationsmitteln und sonstiger sozialer Gewalten ignoriert.

3. Die Politisierung aller Herrschaftsverhältnisse

Eine staatsrechtlich relevante und damit auch verfassungsrechtlich diskussionsfähige Aussage enthält die Forderung nach Demokratisierung, wenn sie die strikte Durchsetzung der demokratischen Idee in ihrem Geltungsbereich oder die Erstreckung über diesen Geltungsbereich hinaus auf andere Willensbildungsprozesse bezeichnet. Dieser (staatsrechtliche) Begriff der Demokratisierung knüpft an das demokratische Prinzip in seiner konkreten konstitutionellen Ausformung an. Er setzt die Existenz von Herrschaft voraus und bejaht deren Notwendigkeit, unterwirft sie jedoch ausnahmslos den essentiellen Anforderungen der politischen Demokratie, also der inneren Souveränität der betroffenen Organisation durch politische Gleichheit und Freiheit ihrer betroffenen Mitglieder.

C. Die Forderung nach Demokratisierung der Gesellschaft und das Grundgesetz

I. Das Grundgesetz als Staatsverfassung

1. Das Verhältnis von Staat und Gesellschaft

Die Unterscheidung zwischen Staat und Gesellschaft[102] wird unter dem Einfluß demokratischen Gedankenguts weitgehend für obsolet gehalten. Denn die demokratische Interpretation der Begriffe Staat und Gesellschaft führt — oberflächlich betrachtet — zu einer weitgehenden Angleichung ihrer Bedeutungsinhalte. So wird einerseits der Staat nicht mehr als Machtapparat eines absoluten Autokraten ohne soziale Legitimation betrachtet. Die institutionelle Seite dieses Begriffs tritt hinter dem körperschaftlichen Aspekt zurück. Andererseits wird der Begriff der Gesellschaft nicht mehr nur als Synonym für das gehobene Bürgertum, sondern für das Volk in seiner Gesamtheit verwendet. Staat und Gesellschaft stehen danach in einem Verhältnis personeller Identität[103]. Diese Tatsache rechtfertigt jedoch nicht den Schluß, daß auch kein funktioneller Unterschied zwischen Staat und Gesellschaft besteht. Denn von einer Selbstregierung des Volkes kann auch in der Demokratie mangels aus-

---

[102] Siehe dazu zuletzt *Hesse*, DÖV 75, 437 ff. Auf den Unterschied zwischen Volk und Gesellschaft kann in diesem Zusammenhang nicht eingegangen werden. Vgl. dazu *Herzog*, Allg. Staatslehre, S. 146.

[103] Ebenso *Herzog*, Allg. Staatslehre, S. 53, 146.

reichender Artikulations- und Aktionsfähigkeit nicht gesprochen werden. Zwar ist das Volk Träger der Staatsgewalt. Aber für deren Ausübung ist ein Apparat notwendig. Damit bleibt auch in der Demokratie ein funktioneller Unterschied zwischen Staat und Gesellschaft bestehen[104].

2. Die gesellschaftspolitische Neutralität des Grundgesetzes

Das Grundgesetz trägt dem funktionalen Unterschied zwischen Staat und Gesellschaft Rechnung, indem es sich in seinem Regelungsbereich grundsätzlich[105] auf die unmittelbare staatliche Sphäre beschränkt. So ist für den Bereich der Wirtschaftsverfassung heute eindeutig geklärt, daß dem Grundgesetz keine Entscheidung für ein bestimmtes Wirtschaftssystem entnommen werden kann[106]. Nichts anderes gilt für die Verfassung der Gesellschaft. Das Grundgesetz enthält keine Regelungen für eine Gesellschaftsordnung, sondern beschränkt sich auf die normative Ausgestaltung der Staatsverfassung. Das Verhältnis der Gesellschaft zum Staat bleibt offen und ein Bekenntnis zu einem bestimmten gesellschaftspolitischen Ordnungsmodell fehlt. Das Grundgesetz bleibt damit grundsätzlich gesellschaftspolitisch neutral[107]. Diese Neutralität gilt jedoch nicht absolut. Ihre Grenzen sind dort gezogen, wo ordnungspolitische Enthaltsamkeit des Verfassunggebers im gesellschaftlichen Bereich die Verwirklichung der verfassungsgestaltenden Grundentscheidungen des Grundgesetzes gefährden würde. Zur „Kunst des Verfassungsinterpreten" gehört es, hierbei die „Grenze juristischer Zurückhaltung nicht zu verfehlen"[108].

3. Die gesellschaftsordnende Bedeutung des Grundgesetzes

a) *Dem Bekenntnis des Grundgesetzes zum demokratischen Prinzip* kommt gesellschaftsordnende Bedeutung insofern zu, als damit eine demokratische Binnenstruktur von gesellschaftlichen Organisationen, die

---

[104] *Herzog*, Allg. Staatslehre, S. 146.

[105] Vgl. zu den Ausnahmen unten 3.

[106] *Kriele*, VVdStRL 29 (1971), S. 74; *Maunz*, in Maunz/Dürig/Herzog, Rdnr. 8 zu Art. 14. BVerfGE 4, 17 f.; 7, 400; 12, 363; 14, 275; BVerwG, Urt. v. 22. 2. 1972, MDR 72, 805. (Ebenso schon BVerwGE 17, 308): zuletzt *Scholz*, Koalitionsfreiheit, S. 165 f. mit einer Zusammenstellung der Literatur.

[107] So auch *Kriele*, VVdStRL 29 (1971), S. 74 und *Scholz*, Koalitionsfreiheit, S. 166, nach dem „das Grundgesetz keiner bestimmten Staats- oder Gesellschaftsideologie verpflichtet" ist. Ebenso *F. Mayer*, Selbstverwaltung, S. 331, 340; *Lerche*, Werbung und Verfassung, 1967, S. 32 f., mit umfangreichen Nachweisen auf S. 69 und *R. Schmidt*, Demokratisierung der Schule? 1971, S. 8. Hierfür spricht auch die Entstehungsgeschichte des Grundgesetzes. *Sörgel* (Konsensus und Interessen, S. 57, 73) hat nachgewiesen, daß weder die SPD noch die Unionsparteien die Absicht verfolgten, ihre „gesellschaftlichen Ziele verfassungsrechtlich zu verankern" (FN 55 zu S. 73).

[108] *Kriele*, VVdStRL 29 (1971), S. 75.

an der staatlichen Willensbildung institutionell oder verfahrensmäßig beteiligt sind, zur Bewahrung und Stärkung der demokratischen Legitimation der staatlichen Willensbildung zulässig und geboten ist[109].

b) Mit der *Garantie (politischer) Grundrechte* (Art. 5 Abs. 1, Art. 8, 9 GG) nimmt das Grundgesetz eine Ordnungskompetenz für den Bereich der Gesellschaft jedenfalls insofern in Anspruch, als es zur Gewährleistung der demokratischen Willensbildung des Staates die Herstellung und Bewahrung der sozialen Voraussetzungen für einen freien Prozeß der politischen Willensbildung des Volkes gebietet.

c) *Die Verpflichtung auf das Sozialstaatsgebot* schließlich enthält ebenfalls ein Übergreifen der Verfassung auf die gesellschaftliche Sphäre. Denn diese Staatszielbestimmung stellt normative Anforderungen an die materiellen Bedingungen der Gesellschaft.

II. Die verfassungsgestaltenden Grundentscheidungen des Grundgesetzes und die Forderung nach Demokratisierung der Gesellschaft

1. Das demokratische Prinzip

a) Art. 20 Abs. 1 und 2 GG

(1) Der Geltungsbereich der Vorschriften des Art. 20 Abs. 1 und 2 GG erschließt sich bereits durch ihre *grammatische Interpretation*. Das Grundgesetz hat die Bundesrepublik Deutschland in Art. 20 Abs. 1 als einen „demokratischen (und sozialen Bundes-) *Staat*" konstituiert. Das Adjektiv „demokratisch" kann damit nur dem Substantiv „*Staat*" zugeordnet werden. Nach Art. 20 Abs. 2 GG hat alle *Staats*gewalt vom Volke auszugehen, nicht aber „alle Gewalt von den Gewaltungsunterworfenen"[110]. Bejaht man die These, daß das Grundgesetz mit der begrifflichen Unterscheidung zwischen Staat und Gesellschaft eine materielle Aussage verbindet, so läßt sich der Begriff der Demokratie nur als ein „*staatliches* Ordnungsprinzip"[111], als eine Formbestimmung begreifen, die auf den unmittelbaren Bereich der Verfassungsorganisation beschränkt ist[112] und

[109] Ebenso *Kriele*, VVdStRL 29 (1971), S. 75. Mit dem Gebot innerparteilicher Demokratie (Art. 21 Abs. 1 S. 3 GG) hat das Grundgesetz diesem Erfordernis für die unmittelbare Nahtstelle zwischen der politischen Willensbildung des Volkes und des Staates Rechnung getragen.

[110] *Leisner*, Mitbestimmung, S. 30.

[111] *Obermayer*, DB 71, 1717.

[112] *Leisner*, Mitbestimmung, S. 30; *Isensee*, Subsidiaritätsprinzip, S. 264. So auch *Ridder* (Gewerkschaften, S. 13), der jedoch im Gegensatz dazu die in Art. 18 Abs. 1 S. 1 und 21 Abs. 2 S. 1 GG angesprochene „freiheitliche" Demokratie nicht als bloße Staatsformbestimmung begreift, sondern in diesem Begriff „das Verhältnis von Staat und Gesellschaft" mitdefiniert sieht. „Frei-

für die Gesellschaft insgesamt oder gesellschaftliche Teilbereiche nicht gilt.

(2) Die *systematische Auslegung* der Vorschriften des Art. 20 Abs. 1 und 2 GG bestätigt dieses Ergebnis. Zwar kann aus der Bezeichnung des II. Abschnitts des Grundgesetzes allein eine Aussage über den Gegenstand der darin aufgenommenen Bestimmungen nicht hergeleitet werden. Denn unter der Überschrift „Der Bund und die Länder" enthält dieser Teil des Grundgesetzes „ein Konglomerat verschiedenartigster Vorschriften"[113], die das Bund-Länder-Verhältnis nicht erschöpfend behandeln und dieses nur insoweit betreffen, als sie sowohl für den Bund, als auch für die Länder gelten. Aber — bei aller fehlenden Systematisierung — weisen die übrigen dort enthaltenen Vorschriften jedenfalls keinen Bezug auf die Organisation der Gesellschaft auf[114].

b) *Art. 28 Abs. 1 GG*

(1) Ihrer *Rechtsnatur* nach ist die Vorschrift des Art. 28 Abs. 1 GG eine rahmenartige Normativbestimmung[115]. Indem sie die Harmonisierung bzw. Homogenisierung[116] der Verfassungsordnungen des Bundes und der Länder zwingend vorschreibt, trägt sie dem im Bundesstaat bestehenden Erfordernis Rechnung, die grundlegenden Staatsorganisationsregeln des Bundes auch in den Ländern und den territorialen Selbstverwaltungskörperschaften zur Geltung zu bringen. Die Anwendung des demokratischen Prinzips auf Länder und Kommunen rechtfertigt sich aus ihrer Stellung als „originär politische Institutionen"[117] und ihrer Eigenschaft als Selbstverwaltungskörperschaften.

---

heitliche, demokratische Grundordnung" müsse in diesem Zusammenhang als die „Grundordnung der Nation", d. h. dem „aus ‚Staat' und politischer ‚Gesellschaft' bestehenden Gesamtpolitikum" verstanden werden. *Ridder* kann sich dabei auf das BVerfG berufen, das die freiheitliche demokratische Ordnung mit den „historisch gewordenen staatlichen und gesellschaftlichen Verhältnissen" in Verbindung bringt (BVerfGE 5, 197). Zu Recht zieht *Ridder* aus dieser Interpretation des Begriffs der „freiheitlichen demokratischen Grundordnung" jedoch nicht die Folgerung, „daß das Grundgesetz *alle*, insbesondere die gesellschaftlichen Voraussetzungen einer freiheitlichen demokratischen Grundordnung rechtlich verpflichtend *gebietet*", da ein derart präzedenzlos, generell und umfassend in den Raum der Gesellschaft übergreifendes Gebot der staatlichen Verfassung" als solches noch deutlicher ausgesprochen sein müsse (a.a.O., S. 14).

[113] *von Mangoldt/Klein*, Bd. I, Vorbem. II 1 zu Art. 20.

[114] Dies legt auch ein Vergleich mit dem 1. Abschnitt des 1. Hauptteils der Weimarer Verfassung mit der Überschrift „Reich und Länder" nahe.

[115] *Maunz, in: Maunz/Dürig/Herzog*, Rdnr. 2 zu Art. 28.

[116] Zu diesen Begriffen siehe unten, 3. Vgl. auch: *Maunz*, in: Maunz/Dürig/Herzog, Rdnr. 2 zu Art. 28; *Stern*, in: Bonner Kommentar, Zweitbearbeitung, Rdnr. 7 zu Art. 28. Zu den Arten der Homogenität siehe *Schmidt-Bleibtreu/Klein*, Grundgesetz, Rdnr. 1 zu Art. 1; *W. Henke*, Parteien, S. 28.

[117] *Obermayer*, DB 71, 1717.

(2) *Das Verhältnis von Art. 20 Abs. 1 und 2 GG und Art. 28 Abs. 1 GG* ist vom Grundsatz der Akzessorietät bestimmt. Als eine Bestimmung, die sich lediglich auf Prinzipien *bezieht*, die an anderer Stelle des Grundgesetzes (Art. 20) niedergelegt sind, kann Art. 28 Abs. 1 GG die Verfassungsordnung in den Ländern auf diese Grundsätze nur mit dem Inhalt verpflichten, den diese dort gefunden haben. Da das demokratische Prinzip — wie oben nachgewiesen — in Art. 20 Abs. 1 und 2 GG als Staatsorganisationsprinzip niedergelegt ist, kann Art. 28 Abs. 1 GG diesem Grundsatz keinen anderen Charakter verleihen[118].

(3) *Ein Einfluß des Art. 28 Abs. 1 GG auf den Geltungsbereich des demokratischen Prinzips* besteht nicht. Die Einbeziehung der verfassungsmäßigen Ordnung der Länder vermag die Erstreckung des demokratischen Prinzips auf den gesellschaftlichen Bereich nicht zu rechtfertigen. Zu Recht ist noch niemals der Versuch unternommen worden, den Begriff der „verfassungsmäßigen Ordnung in den Ländern" mit der Gesellschaftsordnung gleichzusetzen. Zwar besteht Streit darüber, ob unter der „verfassungsmäßigen Ordnung" i. S. des Art. 28 Abs. 1 GG nur die Landesverfassung im materiellen Sinn[119], oder darüber hinaus auch „die sogenannte Verfassungswirklichkeit, die innerstaatliche Ordnung im Land"[120] zu verstehen ist. Diese Frage kann jedoch auf sich beruhen, da weder der Begriff der Verfassung im materiellen Sinn[121], noch der Begriff der „innerstaatlichen Ordnung" mit dem der Gesellschaftsordnung identisch ist[122]. Beide Begriffe bezeichnen ausschließlich die Regelung des unmittelbar staatlichen Bereichs[123].

---

[118] Die Vorschrift des Art. 28 Abs. 1 GG enthält gegenüber Art. 20 Abs. 1 und 2 GG inhaltlich nichts Neues. In ihr wird vielmehr nur das Bekenntnis des Art. 20 Abs. 1 als normative Bestimmung für die verfassungsmäßige Ordnung der Länder wiederholt und juristisch deutlicher gefaßt. Sie macht jedoch deutlich, „daß die Firmierung des Staates, die Art. 20 Abs. 1 enthält, unter keinen Umständen als unverbindliche Namensregelung verstanden werden darf" (*Abendroth*, Festschrift für Bergstraesser, 1954, S. 279). Ebenso für die Sozialstaatsklausel *Ridder*, Gewerkschaften, S. 5.

[119] So *von Mangoldt/Klein*, Bd. I Anm. III 1 b zu Art. 28.

[120] *Stern*, in: Bonner Kommentar, Zweitbearbeitung, Rdnr. 20, 199 zu Art. 28.

[121] Siehe dazu *Schmitt*, Verfassungslehre, S. 3.

[122] Dem steht auch die im Anschluß an *Schmitt* (Verfassungslehre, S. 4) von *Stern* (zu Art. 28 Abs. 3 GG) vertretene Auffassung nicht entgegen, wonach der Begriff der verfassungsmäßigen Ordnung in diesem Zusammenhang „als der konkrete Gesamtzustand politischer Einheit und sozialer Ordnung" zu bestimmen sei (Bonner Kommentar, Zweitbearbeitung, Rdnrn. 196, 199 zu Art. 28). Der Begriff der „sozialen Ordnung" darf nicht als Ordnung der Gesellschaft im Sinne einer staatsfreien Gesellschaftsordnung verstanden werden, sondern als die Ordnung der (staatlichen) Gemeinschaft.

[123] So wohl auch das Bundesverfassungsgericht (BVerfGE 11, 321).

c) *Art. 21 Abs. 1 Satz 3 GG*

(1) Das demokratische Prinzip und die innere Ordnung der politischen Parteien

a) *Die Stellung der politischen Parteien im Spannungsfeld zwischen Staat und Gesellschaft und ihre Funktion bei der Willensbildung von Volk und Staat* werden durch die Vorschrift des Art. 21 Abs. 1 Satz 1 GG nur zum Teil erfaßt. Die politischen Parteien stehen nach dem Grundgesetz an der Nahtstelle zwischen der politischen Willensbildung des Volkes und des Staates[124]. In der parteienstaatlichen parlamentarischen Demokratie des Grundgesetzes kommt den politischen Parteien eine Aufgabe nicht nur bei der Willensbildung des Volkes, sondern durch die Beteiligung an Parlamentswahlen und die parlamentarische Arbeit in den Fraktionen auch bei der unmittelbaren Willensbildung des Staates zu[125]. Ihre verfassungsrechtliche Anerkennung als ein Kristallisationspunkt der Willensbildung des Volkes durch Art. 21 Abs. 1 Satz 3 GG bewirkt zwar ihre Inkorporation" in das „Verfassungsgefüge" insofern, als sie damit „aus dem Bereich des Politisch-Soziologischen in den Rang einer verfassungsrechtlichen Institution" erhoben sind[126] und die „Funktion eines Verfassungsorgans ausüben, wenn sie bei der politischen Willensbildung des Volkes mitwirken"[127]. Damit sind die Parteien jedoch nicht in den Bereich des Staates integriert[128]. Sie sind vielmehr lediglich *funktional* aus „der Gesellschaft herausgehoben", ohne ihren gesellschaftlichen *Charakter* ganz zu verlieren[129].

b) Mit dem verfassungsrechtlichen Gebot innerparteilicher Demokratie[130] nimmt das Grundgesetz in Art. 21 Abs. 1 Satz 3 eine echte *Erweiterung des Anwendungsbereichs des demokratischen Prinzips* vor. Denn das Grundgesetz wächst über die Grenzen einer bloß staatlichen Verfassung hinaus[131], indem es den in Art. 20 Abs. 1, 2 und 28 Abs. 1 GG als staatliches Strukturprinzip angelegten Grundsatz der Demokratie zu einer „unmittelbaren Regelung gesellschaftlicher Zuständigkeitsbereiche"[132] heranzieht.

---

124 W. *Henke*, Parteien, S. 1, 27.

125 W. *Henke*, Parteien, S. 24.

126 BVerfGE 2, 73.

127 BVerfGE 6, 372.

128 W. *Henke*, Parteien, S. 10.

129 W. *Henke*, Parteien, S. 11.

130 Die Frage, inwieweit dieser Verfassungsauftrag unmittelbar verpflichtende Wirkung entfaltet (siehe dazu *Maunz*, in: Maunz/Dürig/Herzog, Rdnr. 54, zu Art. 21 m. w. N.), kann nach Erlaß des Parteiengesetzes vom 24. 7. 1967 (BGBl I, S. 773) dahinstehen.

131 *Ridder*, Gewerkschaften, S. 22. Zu Art. 21 Abs. 1 S. 3 GG als Bestätigung und Vollzug der Sozialstaatsklausel siehe *Ridder*, Gewerkschaften, S. 23.

132 *Scholz*, Koalitionsfreiheit, S. 168. Ähnlich W. *Henke*, Parteien, S. 27.

(2) Art. 21 Abs. 1 Satz 3 GG als Grundlage eines Verfassungsauftrags zur Demokratisierung gesellschaftlicher Teilbereiche?

(a) *Nach Ansicht von Ridder und Ramm* handelt es sich bei der Vorschrift des Art. 21 Abs. 1 Satz 3 GG nicht lediglich um eine „Normativbestimmung für den inneren Aufbau der politischen Parteien"[133]. *Ridder*[134] schließt aus dem „Ausgreifen des Verfassungsrechts in den vordem extrakonstitutionellen Raum politischer Willensbildung" durch die verfassungsrechtliche Anerkennung der Parteien als „Faktoren der politischen Willensbildung des Volkes", daß auch die „Fülle der übrigen hierhin gehörenden früher extrakonstitutionellen Faktoren in einer ganz bestimmten Weise" einbezogen werden müßten[135]. Art. 21 Abs. 1 S. 3 GG wolle deshalb nicht nur „die im Vorfeld des parlamentarischen Gesetzgebers tätigen politischen Parteien", sondern auch alle übrigen „von Haus aus ‚nicht-staatlichen', sondern ‚gesellschaftlichen' Gruppen, die um solche Einflußnahme bemüht sind, durch die Verpflichtung auf die innere Ordnung nach ‚demokratischen Grundsätzen' und die ‚freiheitliche demokratische Grundordnung' staats- und staatsformbejahend an und in die Verfassung binden"[136]. Damit wachse Art. 21 GG „die Aufgabe zu, *alle* Kräfte des politischen Prozesses dergestalt unmittelbar in das Verfassungsrecht zu verklammern, daß ihre freiheitliche und demokratische Organisation und Ordnung, wo Organisation und Ordnung überhaupt möglich ist und stattfindet, permanent gesichert ist"[137]. *Ramm*[138] hält zur verfassungsrechtlichen Fundierung seiner These, daß Koalitionen demokratisch organisiert sein müßten, „eine Anknüpfung an Art. 21 Abs. 1 S. 3 GG" für möglich[139]. Er entnimmt aus dieser Bestimmung zunächst den allgemeinen Grundsatz, daß Träger politischer Macht demokratisch organisiert sein müssen um eine sonst gegebene Gefährdung der Gesamtordnung wie der individuellen Interessen durch einen Mißbrauch der Macht zu vermeiden" — ein Grundsatz, der entsprechend auf Vereinigungen angewandt werden könne, „die Träger sozialer Macht sind"[140]. Später entnimmt Ramm aus Art. 21 GG gar den Grundsatz, „daß alle Gruppen, die Träger von Macht schlechthin sind, demokratisch organisiert sein müssen"[141].

---

[133] *Maunz*, in: Maunz/Dürig/Herzog, Rdnr. 52 zu Art. 21.

[134] *Ridder*, Meinungsfreiheit, S. 255 ff.

[135] Meinungsfreiheit, S. 255.

[136] Meinungsfreiheit, S. 256.

[137] Meinungsfreiheit, S. 257.

[138] Willensbildung, S. 117 ff.

[139] Willensbildung, S. 118.

[140] Willensbildung, S. 119.

[141] Kampfmaßnahmen und Friedenspflicht, S. 46.

(b) Gegen die extensive analoge Anwendung dieser Bestimmung bestehen v. a. *methodische Bedenken.* Eine derart weite Erstreckung des demokratischen Prinzips auf gesellschaftliche Bereiche läßt sich mit der Vorschrift des Art. 21 Abs. 1 Satz 3 GG nicht begründen[142]. So übersehen Ramm und Ridder die vordergründigen Ziele, die der historische Verfassunggeber mit der Aufnahme des Art. 21 GG in das Grundgesetz verfolgt hat: Ging es doch nur darum, die Parteien in das Verfassungsgefüge einzugliedern und „durch die Forderung nach einer demokratischen Ordnung der Parteien" deutlich zu machen, „daß in der Bundesrepublik Deutschland totalitäre Parteien nach dem Muster der NSdAP nicht erneut aufkommen sollten"[143]. Es erscheint deshalb nicht zulässig, „eine Vorschrift, die kein historisches Vorbild im deutschen Verfassungsrecht hat", in einer so weitreichenden Wirkung über ihren ursprünglichen Sinngehalt hinaus auf andere Gruppen" zu erstrecken[144].

Darüber hinaus messen beide Autoren der Vorschrift des Art. 21 Abs. 1 Satz 3 GG für die Ausdehnung des Geltungsbereichs des demokratischen Prinzips eine nicht gerechtfertigte exemplarische Bedeutung zu, indem sie die Sonderstellung der politischen Parteien unter den übrigen Trägern politischer Macht relativieren. Das Grundgesetz legt in Art. 20 Abs. 1, 2 und 28 Abs. 1 den Ablauf des *staatlichen* Willensbildungsprozesses auf demokratische Grundsätze fest. Deren Verwirklichung ist nur garantiert, wenn auch die politischen Parteien, die nicht nur am Prozeß der Willensbildung des Volkes, sondern — als einzige gesellschaftliche Gruppierungen von Verfassungs wegen — auch an der staatlichen Willensbildung selbst unmittelbar beteiligt sind, als die verfassungsrechtlich anerkannten Quellen dieses Willens demokratisch aufgebaut sind[145]. Diese verfassungsrechtlich abgesicherte Sonderstellung der politischen Parteien rechtfertigt auch die ausnahmsweise Übertragung des Staatsorganisationsprinzips der Demokratie auf Organisationen, die im gesellschaftlichen Bereich angesiedelt sind.

(3) Die Bedeutung des Art. 21 Abs. 1 Satz 3 GG für die Forderung nach Demokratisierung gesellschaftlicher Teilbereiche

Die Vorschrift des Art. 21 Abs. 1 Satz 3 GG konkretisiert die Inhaltsbestimmung, die das demokratische Prinzip in den Bestimmungen der Art. 20 Abs. 1, 2 und 28 GG erfahren hat. Eine Inhaltsänderung des de-

---

[142] So auch *Gitter,* JZ 65, 198; *Forsthoff,* Rechtsfragen der leistenden Verwaltung, 1959, S. 20; *Maunz,* in: Maunz/Dürig/Herzog, Rdnr. 56 zu Art. 9; Rdnr. 37 f. zu Art. 21 und *Hesse,* VVdStRL 17 (1959), S. 30.

[143] *Lohmar,* Innerparteiliche Demokratie, S. 6. Vgl. auch *R. Schmidt,* Demokratisierung der Schule? S. 8.

[144] *Gitter,* JZ 65, 198.

[145] So auch *Hesse,* VVdStRL 17 (1959), S. 29 und Art. politische Parteien, in: EvStL, Sp. 1777 f.

mokratischen Prinzips von einem Ordnungsprinzip der staatlichen Willensbildung zu einem Grundsatz des gesamten gesellschaftlichen Willensbildungsprozesses ist damit nicht verbunden[146]. Die Erstreckung des Anwendungsbereiches dieses Grundsatzes auf die von Verfassungs wegen an der Willenbildung des Volkes *und* des Staates beteiligten politischen Parteien stellt nur klar, daß das Grundgesetz den gesamten Bereich der staatlichen Willensbildung dem demokratischen Prinzip unterwerfen will, auch wenn diese unter Mitwirkung originär gesellschaftlicher Institutionen erfolgt. Vereinigungen, die mit Hilfe sozialer Macht politischen Druck ausüben und so nur mittelbar die politische Willensbildung des Staates beeinflussen, können diesen demokratischen Anforderungen nicht unterworfen werden, da diese auch funktional vollständig dem gesellschaftlichen Bereich angehören. Eine analoge Anwendung der Vorschrift des Art. 21 Abs. 1 Satz 3 GG ist vielmehr nur auf solche Organisationen möglich, die, wenn auch nicht kraft Verfassungsrechts, so doch kraft verfassungskonformer Rechtsvorschriften — ähnlich den politischen Parteien — an der Willensbildung des Staates unmittelbar beteiligt sind[147].

2. Das Sozialstaatsprinzip

a) Rechtsnatur und Inhalt des Sozialstaatsprinzips

(1) Die Rechtsnatur des Sozialstaatsgebots

Das Grundgesetz hat die Bundesrepublik Deutschland in Art. 20 Abs. 1 als „sozialen (Bundes-)Staat" konstituiert, ohne diesen Verfassungsgrundsatz näher zu konkretisieren. Die Entstehungsgeschichte des Grundgesetzes zeigt, daß eine solche Konkretisierung am fehlenden Konsens über den Inhalt dieses Begriffs gescheitert ist[148]. Die Verfassungsrechtswissenschaft ist zwar auch heute noch weit davon entfernt, den Begriff des Sozialstaats übereinstimmend definieren zu können[149], da sich auch der Verfassungsjurist nur schwer der Versuchung entziehen kann, den schillernden, in Ideologie und Weltanschauung verwurzelten Begriff des „Sozialen" mit eigenen politischen Wertvorstellungen zu füllen[150]. Über

[146] Im Ergebnis ebenso: *Obermayer*, DB 71, 1717 und *Leisner*, Mitbestimmung, S. 30.

[147] In diesem Sinne (für die Gewerkschaften) *Kriele* (VVdStRL 29 — 1971 — S. 77); a. A. *Scholz*, Koalitionsfreiheit, S. 175.

[148] *Stern*, Art. Sozialstaat, in: EvStL, Sp. 2403. Den Widerstreit der Meinungen im Parlamentarischen Rat stellt *Abendroth* (Festschrift für Bergstraesser, 1954, S. 293 f.) anschaulich dar.

[149] Nachweise der wichtigsten Versuche, die normative Bedeutung der Sozialstaatsklausel zu erfassen, finden sich bei *Isensee*, Subsidiaritätsprinzip, S. 191, FN 40.

[150] Im gleichen Sinn auch *Abendroth* (Festschrift für Bergstraesser, 1954, S. 299), der einräumt, daß „die Aussagen ... eines Juristen über die Tragweite

die Rechtsnatur des Sozialstaatsprinzips besteht jedoch weitgehend Einigkeit. Das Grundgesetz hat dem Staat der Bundesrepublik Deutschland mit der Bezeichnung als Sozialstaat nicht nur ein Etikett verliehen und damit lediglich auf einen bereits bestehenden Zustand verweisen wollen[151]. Dem Begriff „sozial" wohnt vielmehr eine „polemische, gegen den gesellschaftlichen und politischen status quo gerichtete Tendenz" inne[152].

Mit dem Bekenntnis zum Sozialstaat hat der Verfassunggeber nicht nur eine verfassungsrechtlich unverbindliche programmatische Aussage ohne jede aktualisierbare Substanz[153], sondern „eine rechtsnormative Aussage über Zweck und Sinn des Staates"[154], eine echte „Staatszielbestimmung" getroffen[155].

(2) Der Inhalt des Sozialstaatsgebots

Das Grundgesetz greift mit dem Sozialstaatsgebot über den engeren staatlichen Bereich hinaus. Dieser Verfassungsgrundsatz bedeutet eine klare Abkehr vom liberalistischen Gesellschafts- und Staatsverständnis, das die Entwicklung der gesellschaftlichen Verhältnisse dem freien Spiel der gesellschaftlichen Kräfte überlassen und die staatliche Einflußnahme auf die Beseitigung akuter Störungen beschränken will[156].

Das Sozialstaatsgebot enthält die Berechtigung und Verpflichtung des Staates, die Gestaltung der sozialen Ordnung in seine Obhut zu nehmen[157]. Der Staat ist dabei nicht auf sporadische Reaktion beschränkt,

---

des Sozialstaatsgedankens des Grundgesetzes" an seine politische Philosophie gebunden bleiben, soweit er über die engere Bedeutung des Sozialstaatsgedankens hinaus inhaltlich Stellung bezieht.

[151] Insoweit zutreffend *Ridder*, Gewerkschaften, S. 9. Die Formulierung: „Die Bundesrepublik Deutschland *ist* ein demokratischer und sozialer Bundesstaat" ist deshalb nicht als Seinsbeschreibung, sondern als Sollensbestimmung zu begreifen.

[152] *Forsthoff*, VVdStRL 12 (1954), S. 25. Zu den Sozialstaatsartikeln der WRV (Art. 151, 155, 156, 157, 162, 163, 164, 165), die im übrigen jedoch auf ein ausdrückliches Bekenntnis zum Sozialstaat verzichteten, vgl. *H. P. Ipsen*, Über das Grundgesetz, S. 10, 14 ff.

[153] Ebenso *Stern*, Art. Sozialstaat, in: EvStL, Sp. 2405; *von Mangoldt/Klein*, Bd. I, S. 605 und *Schweiger*, in: Nawiasky/Leusser/Schweiger/Zacher, Rdnrn. 2, 15 zu Art. 3. So aber *H. P. Ipsen*, Über das Grundgesetz, S. 14 und noch *Wernicke*, in: Bonner Kommentar, Anm. II 1 d zu Art. 20.

[154] *Stern*, Art. Sozialstaat, in: EvStL, Sp. 2405.

[155] *H. P. Ipsen*, Über das Grundgesetz, S. 14, 17; *ders.*, VVdStRL 10 (1952), S. 74 ff. Ebenso *Bachof*, VVdStRL 12 (1954), S. 30; *Forsthoff*, VVdStRL 12 (1954), S. 27; *H. Peters*, Recht, Staat, Wirtschaft, Bd. 3, S. 67; *Stern*, Art. Sozialstaat, in: EvStL, Sp. 2405; *Isensee*, Subsidiaritätsprinzip, S. 192; *Obermayer*, DB 71, 1715 ff. Zuletzt *Menzel*, DÖV 72, 537. A. A. *Schweiger*, in: Nawiasky/Leusser/Schweiger/Zacher (Rdnr. 15 zu Art. 3), der jedoch von einem abweichenden Begriff der Staatszielbestimmung ausgeht.

[156] Ebenso *Bachof*, VVdStRL 12 (1954), S. 39; *Stern*, Art. Sozialstaat, in: EvStL, Sp. 2405; *Dürig*, in: Maunz/Dürig/Herzog, Rdnr. 52 zu Art. 1.

sondern zur permanenten, präventiven Gestaltung des gesellschaftlichen Lebens durch (unmittelbare oder mittelbare) gesetzgeberische oder sonstige Intervention aufgerufen[158].

Die Bedeutung des Sozialstaatsprinzips erschöpft sich jedoch nicht darin, die Frage nach dem „Ob" staatlicher Zuständigkeit für die Ordnung des gesellschaftlichen Bereichs positiv zu beantworten[159]. Dieses Verfassungsgebot enthält vielmehr zugleich — in Verbindung mit den übrigen Grundwerten der Verfassung, wie der Menschenwürde, der Gleichheit und Freiheit des Bürgers — eine materielle Aussage über das „Was" der sozialgestaltenden Tätigkeit des Staates[160]. „Soziale" Gestaltung der gesellschaftlichen Verhältnisse bedeutet danach die Gewährung sozialer Sicherheit[161], d. h. die „Schaffung oder Erhaltung von Einrichtungen, die, vorbeugend oder abhelfend zum Schutz der Lebenslage des einzelnen für den Fall des Fehlens eigener Daseinsreserven in Krisen ... die notwendige Daseinshilfe gewähren"[162]. Darüber hinaus hat der Sozialstaat die Aufgabe, soziale Gerechtigkeit[163] durch „Ausgleich der sozialen Gegensätze", also Beseitigung der wirtschaftlichen Unterdrükkung oder Benachteiligung bestimmter sozialer Gruppen[164] durch „soziale Integration"[165] herzustellen.

---

[157] *Bachof*, VVdStRL 12 (1954), S. 30. Insoweit kann der Interpretation des Begriffs „sozial" durch *Ridder* (Gewerkschaften, S. 17), wonach ein sozialer Staat „zwar von der Gesellschaft distanziert ist, sie aber gleichwohl beeinflußt", zugestimmt werden. Ebenso *Stern*, Art. Sozialstaat, in: EvStL, Sp. 2409 f. und *Schäfer*, DVBl 72, 405. Zu den möglichen Bedeutungsinhalten des Begriffs „sozial" vgl. *Ramm*, Arbeitskampf, S. 169 und *Forsthoff*, VVdStRL 12 (1954), S. 25.

[158] *H. P. Ipsen*, VVdStRL 10 (1952), S. 74; *Dürig*, JZ 53, 196; *Bachof*, VVdStRL 12 (1954), S. 39; *Stern*, Art. Sozialstaat, in: EvStL, Sp. 2406 ff. Die Grenzen dieser Regelungsbefugnis werden durch die Grundrechte bestimmt. Darüber hinaus enthält das Sozialstaatsprinzip eine verbindliche Auslegungsregel für die Rechtsanwendung, an die Exekutive und Jurisdiktion gebunden sind (*Stern*, Art. Sozialstaat, in: EvStL, Sp. 2407 f.; BVerfGE 1, 105; BAGE 1, 51). Eine Zusammenstellung der Rechtsprechung der obersten Bundesgerichte und des Bundesverfassungsgerichts in diesem Sinne geben *Wollny* (DVBl 72, 525) und *Menzel* (DÖV 72, 542 ff.).

[159] *Bachof*, VVdStRL 12 (1954), S. 40.

[160] Nicht dagegen über das „Wie" (anders *Bachof*, VVdStRL 12 — 1954 — S. 39, der jedoch inhaltlich mit der hier geäußerten Ansicht übereinstimmt), d. h. den Weg, auf dem dieses Ziel zu erreichen ist. Der Staat ist nicht auf legislatorische Maßnahmen beschränkt (BVerfGE 22, 204).

[161] *Stern*, Art. Sozialstaat, in: EvStL, Sp. 2410 f.

[162] *Stern*, Art. Sozialstaat, in: EvStL, Sp. 2410 f. Diesen Gesichtspunkt hebt v. a. *Forsthoff* (VVdStRL 12 — 1954 — S. 19) hervor.

[163] *Abendroth*, Festschrift für Bergstraesser, 1954, S. 283; *Bachof*, VVdStRL 12 (1954), S. 40; *Stern*, Art. Sozialstaat, in: EvStL, Sp. 2409; *Maunz*, Staatsrecht, S. 66; *Obermayer*, DB 71, 1718; BVerfGE 5, 85, 198; 22, 180 - 204.

[164] BVerfGE 22, 204.

[165] *Obermayer*, DB 71, 1718 (nach *E. R. Huber*, Rechtsstaat und Sozialstaat, S. 13, 18).

b) Das Sozialstaatsprinzip als Normativbestimmung zur Harmonisierung von Staats- und Gesellschaftsordnung?

(1) Der Begriff des demokratischen und sozialen Rechtsstaats

Abendroth[166] sieht im Sozialstaatsprinzip ein Element des isolierter Betrachtung nicht mehr zugänglichen Verfassungsgrundsatzes der „demokratischen und sozialen Rechtsstaatlichkeit"[167]. Dieser einheitliche Rechtsgrundsatz stelle zwar noch keinen positiven Rechtssatz dar, enthalte aber „eine aktuell wirksame *Auslegungsregel* des geltenden Verfassungs- und Gesetzesrechts" und eine „*Gestaltungsmaxime* für die Fortentwicklung der Rechtsordnung und für die Verwaltungs- und Regierungstäigkeit der Bundesrepublik und ihrer Länder"[168].

Innerhalb des Strukturprinzips der demokratischen und sozialen Rechtsstaatlichkeit bedeute der Gedanke der Sozialstaatlichkeit, „daß der Glaube an die immanente Gerechtigkeit der bestehenden Wirtschafts- und Gesellschaftsordnung aufgehoben ist" und diese Ordnung „der Gestaltung durch diejenigen Staatsorgane unterworfen wird, in denen sich die demokratische Selbstbestimmung des Volkes repräsentiert"[169]. Der demokratische Staat sei damit zur „inhaltlichen Gestaltung der sozialen Ordnung berufen"[170]. Im Zusammenhang mit dem Rechtsgrundsatz der demokratischen und sozialen Rechtsstaatlichkeit bewirke der Sozialstaatsgedanke die Ausdehnung des materiellen Rechtsstaatsgedankens der Demokratie auf die Wirtschafts- und Sozialordnung und auf das kulturelle Leben[171]. Demnach beziehe sich die Demokratie „im Begriff der demokratischen und sozialen Rechtsstaatlichkeit nicht nur auf die formale politische Rechtsstellung des Staatsbürgers", sondern erstrecke sich auf seine „gesamten Lebensverhältnisse"[172]. Damit höre Demokratie aber auf, „nur politische Verfassung zu sein" und „werde zur Verfassung der gesamten Gesellschaft"[173].

(2) Das Sozialstaatsprinzip in seinen drei Dimensionen

Auch nach *Ridder*[174] kommt dem Sozialstaatsprinzip eine Bedeutung für die Forderung nach demokratischem Aufbau gesellschaftlicher Be-

[166] Festschrift für Bergstraesser, 1954, S. 279 ff.

[167] Festschrift für Bergstraesser, 1954, S. 280.

[168] Festschrift für Bergstraesser, 1954, S. 281; ebenso *ders.*, in: VVdStRL 12 (1954), S. 85 (Diskussion).

[169] Festschrift für Bergstraesser, 1954, S. 283; ebenso S. 284, 288 und VVdStRL 12 (1954), S. 86 (Diskussion).

[170] Festschrift für Bergstraesser, 1954, S. 286. Die „Aufrechterhaltung der grundsätzlichen Trennung von Staat und Gesellschaft" sei deshalb „zur bloßen Ideologie abgesunken" (S. 288).

[171] Festschrift für Bergstraesser, 1954, S. 289; ebenso S. 290 und VVdStRL 12 (1954), S. 87 f. (Diskussion).

[172] Festschrift für Bergstraesser, 1954, S. 296.

[173] Festschrift für Bergstraesser, 1954, S. 297.

[174] Gewerkschaften, S. 9 ff., 16 ff.

reiche zu. Sein Ansatzpunkt liegt in der von ihm behaupteten Dreidimensionalität der Sozialstaatsklausel[175].

In ihrer *ersten* Dimension enthalte die Sozialstaatsklausel die „Sozialpflichtigkeit“[176] des Staates. Zwar bedeute die Etikettierung der Bundesrepublik Deutschland als Sozialstaat „*auch* die verfassungsmäßige Anerkennung und Beschreibung eines vorliegenden Befundes, nämlich der Tatsächlichkeiten des modernen, also leistenden und vorsorgenden, verteilenden und ausgleichenden, sowie schlechthin wohlfahrtsfördernden und damit auch in einem bestimmten Sinne schon sozialen Staates[177]. Da die gesellschaftlichen Verhältnisse jedoch nicht statisch, sondern einem Wechsel unterworfen seien, statuiere das Sozialstaatsgebot des Grundgesetzes die permanente Verpflichtung aller staatlichen Organe, „durch Gesetzgebung, Verwaltung und Rechtsprechung für die Adaptierung solcher sozialrechtlichen Institute an die jeweiligen Erfordernisse zu sorgen“[178]. Neben dieser normativen Wirkung des Sozialstaatsgebots sieht Ridder die *zweite* Dimension des Sozialstaatsprinzips in dessen unmittelbar eingreifender Einwirkung auf die grundrechtlichen Positionen der Rechtsgenossen.

Die *dritte* Dimension des Sozialstaatsgebots zeige sich schließlich in dessen „Einwirkung auf die *innere* Struktur gesellschaftlicher Kollektivgesamtheiten“[179].

Diese dritte Dimension ergebe sich notwendig aus dem Zusammenhang des Sozialstaatsgebots mit der Entscheidung des Grundgesetzes für eine freiheitliche, antitotalitäre Demokratie[180]. Zwar sei „Demokratie“ im Sinne des Art. 20 Abs. 1 GG „begrifflich als reine *Staats*formbestimmung definierbar“[181]. Die in Art. 18 Satz 1 und Art. 21 Abs. 2 Satz 1 GG angesprochene „freiheitliche Demokratie“ dagegen gehe über ein Staatsorganisationsprinzip hinaus. In diesem Begriff seien vielmehr das „Verhältnis von Staat und Gesellschaft sowie rein gesellschaftliche Strukturelemente mitzudefinieren“[182]. Die „freiheitliche demokratische Grundordnung“ im Sinne der Art. 18 und 21 Abs. 2 GG bezeichne deshalb nicht etwa die Grundordnung des Staates, sondern die der Nation im Sinne des „aus ‚Staat‘ und politischer ‚Gesellschaft‘“ bestehenden Gesamtpolitikums[183]. Der in diesen Vorschriften niedergelegte Schutz der freiheitlichen demokratischen Grundordnung könne für sich allein jedoch noch

[175] Gewerkschaften, S. 11.
[176] Gewerkschaften, S. 9 f.; vgl. auch BVerfGE 9, 13.
[177] Gewerkschaften, S. 9.
[178] Gewerkschaften, S. 10.
[179] Gewerkschaften, S. 11.
[180] Gewerkschaften, S. 11.
[181] Gewerkschaften, S. 13.
[182] Gewerkschaften, S. 13.
[183] Gewerkschaften, S. 14; vgl. dazu auch BVerfGE 2, 12 f.

nicht bedeuten, daß das Grundgesetz „*alle*, insbesondere alle gesellschaftlichen Voraussetzungen einer freiheitlichen demokratischen Grundordnung rechtlich verpflichtend *gebietet*. Ein derart präzedenzlos, generell und umfassend in den Raum der Gesellschaft übergreifendes Gebot der staatlichen Verfassung“ müsse als solches noch deutlicher ausgesprochen sein[184]. Ridder sieht dies im Sozialstaatsgebot verwirklicht. Aus den Erfahrungen der Weimarer Republik, „daß eine staatliche Demokratie ohne gesellschaftlichen Rückhalt in ihrerseits demokratischen gesellschaftlichen Strukturen zum Scheitern verurteilt“ sei, sei das Anliegen des Grundgesetzes erwachsen, die „Harmonisierung der für die Aufrechterhaltung der freiheitlich notwendigen gesellschaftlichen Strukturen mit den staatlichen“ herbeizuführen. Dem trage das Sozialstaatsprinzip „par excellence Rechnung“[185]. Ridder räumt zwar ein, daß der historische Verfassunggeber weniger diese dritte Dimension des Sozialstaatsprinzips als vielmehr — bedingt durch die wirtschaftliche Misere der unmittelbaren Nachkriegzeit — die Sozialpflichtigkeit des Staates im Auge gehabt habe. Diese Intention des Verfassunggebers stehe einer weitergreifenden Exegese jedoch nicht im Wege. Bereits die Wortinterpretation des Begriffs „sozial“ ergebe die besondere Tragweite dieses Verfassungsprinzips. Wenn „sozial nach der korrektesten und getreuesten aller Eindeutschungen nichts anderes als ‚gesellschaftlich‘ oder ‚die Gesellschaft betreffend‘“ bedeute, so sei ein sozialer Staat ein solcher, „der zwar von der Gesellschaft distanziert ist, sie aber gleichwohl beeinflußt“[186]. Mit der Sozialstaatsklausel sei damit „zum ersten Mal in der deutschen Verfassungsgeschichte eine *staatliche* Verfassung mit dem rechtsverbindlichen Anspruch hervorgetreten, auch die Verfassung *gesellschaftlicher* Organisationen auf bestimmte Grundprinzipien festzulegen“[187].

Der materielle Inhalt dieser Grundprinzipien ergebe sich aus der Verbindung des Sozialstaatsgebots mit dem demokratischen Prinzip: Hat sich der Staat in Art. 20 Abs. 1 GG als demokratischer (und sozialer) Staat konstituiert, so könne die Beeinflussung der Gesellschaftsordnung durch den Staat nur in einer „Festlegung auf demokratische Organisation“ bestehen, „soweit Organisation im gesellschaftlichen Bereich überhaupt in Betracht kommen kann“[188].

(3) Die Bedeutung des Sozialstaatsprinzips für die Forderung nach Demokratisierung der Gesellschaft

Eine Kritik dieser staatstheoretisch interessanten Konstruktionen hat von einer nüchternen, von politischen Zielvorstellungen befreiten ver-

[184] Gewerkschaften, S. 14.
[185] Gewerkschaften, S. 16.
[186] Gewerkschaften, S. 17.
[187] Gewerkschaften, S. 16 f.
[188] Gewerkschaften, S. 17.

fassungsrechtlichen Analyse des Sozialstaatsgebots auszugehen[189]. Wie oben dargelegt, enthält das Sozialstaatsgebot zwar einen Verfassungsauftrag an den Gesetzgeber, durch legislatorische Maßnahmen die gesellschaftlichen Verhältnisse inhaltlich — d. h. u. a. bezüglich der Güterverteilung[190] — zu beeinflussen. Ein Auftrag zur Verwirklichung einer bestimmten Gesellschaftsform kann diesem Prinzip dagegen nicht entnommen werden. Die These Abendroths, der Sozialstaatsgedanke sei darauf angelegt „den materiellen Rechtsstaatsgedanken der Demokratie auf die Wirtschafts- und Sozialordnung und auf das kulturelle Leben auszudehnen“, bleibt unbegründet[191]. Forsthoff[192] hat mit Recht darauf hingewiesen, daß dem Sozialstaatsprinzip keine institutionelle Bedeutung zukommt und dieser Verfassungsgrundsatz die strukturelle Verfassungsform der Bundesrepublik nicht berührt. Eine institutionelle Bedeutung erhält das Bekenntnis zum Sozialstaat auch nicht in der Zusammenschau mit dem demokratischen Prinzip. Denn auch in der Verbindung mit dem gesellschaftsbezogenen Sozialstaatsgedanken behält das demokratische Prinzip seinen Charakter als *Staats*formbestimmung bei. Daran gehen sowohl Abendroth als auch Ridder vorbei. Die durch Abendroth vollzogene Zusammenfassung der drei Strukturprinzipien des Staates der Bundesrepublik Deutschland — Demokratie, Sozialstaat und Rechtsstaat — zum Begriff der „demokratischen und sozialen Rechtsstaatlichkeit“[193] begegnet Bedenken[194], da sie die unterschiedliche Funktion, die unterschiedlichen Regelungsobjekte und die Eigenbedeutung dieser Verfassungsgrundsätze verschleiert. Sie vermag für sich allein die Metamorphose des demokratischen Prinzips von einer Staatsformbestimmung zum Organisationsprinzip der Gesellschaft nicht zu begründen. Der Hinweis darauf, „daß wirtschaftliche Machtpositionen in einer nur politisch formal verstandenen Demokratie in erheblichem Maße politische Herrschaft verleihen“[195], ist eine empirisch feststellbare Tatsache. Die (politische) Forderung nach einer demokratischen Kontrolle dieser Macht[196] kann die fehlende Begründung der Gesellschaftsbezogenheit des demokratischen Prinzips nicht ersetzen. Auch Ridder bleibt die Antwort auf die Frage schuldig, warum dem ursprünglich staatsformbestimmenden demokratischen Prinzip gerade in Verbindung mit dem

---

[189] So wohl auch *Abendroth*, Festschrift für Bergstraesser, 1954, S. 281; vgl. auch *Forsthoff*, VVdStRL 12 (1954), S. 24.

[190] *Forsthoff*, VVdStRL 12 (1954), S. 28.

[191] Festschrift für Bergstraesser, 1954, S. 289; *ders.*, ArbuR 59, 265.

[192] VVdStRL 12 (1954), S. 29.

[193] Festschrift für Bergstraesser, 1954, S. 280.

[194] Bedenken gegen diese Verbindung auch bei *Hesse*, Grundzüge, S. 103. Für „problematisch“ hält die Verbindung von Rechtsstaat und Demokratie auch *von Münch*, VVdStRL 29 (1971), S. 109. Ebenso aber z. B. *Herzog*, Allg. Staatslehre, S. 145.

[195] *Abendroth*, Festschrift für Bergstraesser, 1954, S. 289.

[196] *Abendroth*, Festschrift für Bergstraesser, 1954, S. 289.

Sozialstaatsgedanken eine gesellschaftsordnende Funktion zukommen soll. Der Auftrag des Grundgesetzes, auch das Gesellschaftliche zu beeinflussen und zu ordnen, kann nicht allein aufgrund der Verklammerung des Adjektivs „sozial" mit dem Begriff „demokratisch" in Artikel 20 Abs. 1 GG inhaltlich dahin bestimmt werden, daß die dem demokratischen Staat aufgegebene Beeinflussung der Gesellschaft in deren „Festlegung auf demokratische Organisation" bestehen müsse.

Ridder hat mit seiner Auslegung der Sozialstaatsklausel in ihrer dritten Dimension „die Grenzen möglicher juristischer Interpretation überschritten und ist in das Feld rechtspolitischer Entwürfe vorgedrungen"[197].

3. Das Prinzip der Harmonie

a) Die Mehrdeutigkeit der Begriffe Harmonie und Homogenität

(1) Die Forderung nach *Homogenität* wird sowohl für die staatliche als auch für die gesellschaftliche Sphäre erhoben. So wird die Funktionsfähigkeit föderativer Vereinigungen von der „Voraussetzung einer gewissen Homogenität der Glieder", einem unerläßlichen „Mindestmaß an Strukturgleichheit von Bund und Ländern" abhängig gemacht[198] und *Herbert Krüger*[199] stellt die Frage, „ob nicht zwischen der Gesamtverfassung des Staates und der Verfassung der einzelnen Aufgabenbereiche und ihrer Gewalten ein Mindestmaß von struktureller und materieller Homogenität bestehen muß". Für den gesellschaftlichen Bereich fordert *H. Heller* „soziale Homogenität"[200] die in einem „sozialpsychologischen Zustand" des die stets vorhandenen Gegensätzlichkeiten und Interessenkämpfe bindenden Wirbewußtseins und Wirgefühls[201] und einer Angleichung der ökonomischen, kulturellen und konventionellen Verhältnisse besteht[202].

(2) Das Postulat der *Harmonie* verfolgt v. a. die Angleichung der Organisationsstrukturen von Staat und Gesellschaft. So vertritt *Ridder*[203] eine umfassende Harmonisierung gesellschaftlicher Strukturen mit den staatlichen"[204]. Daneben wird mit dem Etikett der Harmonie auch die

---

[197] *Jesch*, DÖV 63, 177; zustimmend *Gitter*, JZ 65, 198.

[198] *Hesse*, Art. Bundesstaat, in: EvStL, Sp. 259, 262; *Herzog* (Art. Landesverfassungen, in: EvStL, Sp. 1443) spricht von „bundesstaatlicher Homogenität".

[199] Allg. Staatslehre, S. 931.

[200] Politische Demokratie, S. 35 ff.

[201] Politische Demokratie, S. 141.

[202] Politische Demokratie, S. 42 ff.

[203] Gewerkschaften, S. 16.

[204] So wohl auch *Herb. Krüger* (Gutachten zum 46. DJT — 1966 — Bd. I, S. 30), der auch „Sozialphänomene", die außerhalb des Bereichs der Staatsorganisation angesiedelt sind, dem „Gebot der Homogenität (besser wohl der Harmonie) mit der Struktur der politischen Verfassung" unterwirft und *Roellecke*

Forderung nach Übereinstimmung von Staatsform und gesellschaftlicher Lebensform versehen[205].

(3) Eine *Unterscheidung* der weitgehend synonym verwendeten Begriffe von Harmonie und Homogenität hat von der Wortbedeutung auszugehen. Semantisch exakter erscheint es danach, den Begriff der Homogenität für die Beschreibung der materiellen oder strukturellen Gleichartigkeit der Glieder eines Gesamtorganismus[206], die Verwendung des Begriffs der Harmonie dagegen für die Übereinstimmung einander zugeordneter Einzelorganismen zu verwenden[207].

b) Die Theorie der notwendigen Harmonie von Staats- und Gesellschaftsorganisation

Die Notwendigkeit der Übereinstimmung von Staats- und Gesellschaftsstruktur wird im allgemeinen mit der Vermutung begründet, daß eine bestimmte politische Organisationsform um so besser funktioniere, je näher auch der Sozialbereich an diese Form heranrücke[208]. Die neuere deutsche Verfassungsgeschichte liefere den Beweis dafür, daß die staatliche Demokratie ohne Rückhalt in ebenfalls demokratischen Gesellschaftsstrukturen zum Scheitern verurteilt sei[209]. Die (staatliche) Demokratie bedürfe „zu ihrem Bestand und ihrer Gesundheit in ihrem Hintergrund der Demokratie als Lebensform"[210]. Sie benötige — wie jede andere Staatsform — eine entsprechende gesellschaftliche Ambiance"[211], wie jede andere Herrschaftsordnung eine parallele „Vor-Ordnung"[212].

Die These, daß jede politische Organisationsform der „Abstützung"[213] durch eine parallele Struktur im gesellschaftlichen Bereich bedürfe, ist

(DÖV 72, 458 ff., 459 f. — zur Forderung nach Übereinstimmung von Parteienstruktur und Struktur der Massenmedien).

[205] So *Jahrreiß*, Festschrift für Thoma, 1950, S. 78 ff., 84, 91 und passim. Im Anschluß daran auch *Bäumlin*, Die rechtsstaatliche Demokratie, S. 22 und *Eschenburg*, Verbände, S. 84.

[206] In diesem Sinne etwa *H. Heller*, Politische Demokratie, S. 40 und passim.

[207] So etwa *Ridder*, Gewerkschaften, S. 16.

[208] *Sontheimer*, Kolloquium, S. 7, 10.

[209] *Ridder*, Gewerkschaften, S. 16. Im gleichen Sinne *Ridder*, Art. Staat, in: StL, Sp. 552, *H. Huber*, Recht, Staat und Gesellschaft, S. 16 und *von Beyme*, Interessengruppen, S. 187.

[210] *H. Huber*, Recht, Staat und Gesellschaft, S. 16.

[211] Dieser Ausdruck fand in die staatsrechtliche Diskussion Eingang durch *Schindler*, Verfassungsrecht und soziale Struktur, S. 92 ff. und passim (vgl. auch *Schindler*, Über die Staatswillensbildung in der Demokratie, S. 22), nach dem „die positive Rechtsordnung . . ., jede besondere Art und Gestalt des positiven Rechts, vorab jede Staatsverfassung . . . eine besondere Art und Gestalt der Ambiance" voraussetze.

[212] *Jahrreiß*, Festschrift für Thoma, 1950, S. 75; vgl. auch S. 79 f., 84, 90 f. und *H. Huber*, Recht, Staat und Gesellschaft, S. 15.

[213] *Sontheimer*, Kolloquium, S. 7.

nicht unbestritten. Die Kritiker eines derartigen „Konformitätsgebots“[214] sehen in diesen Forderungen die Gefahr, daß der Moloch der Gleichschaltung wieder zum Leben erweckt wird[215] und halten die Behauptung, daß die staatliche Demokratie nicht funktionieren könne, wenn sie nicht in allen Lebensbereichen praktiziert werde, nicht für bewiesen[216]. Im Anschluß an *Schindler*[217] wird der Forderung nach Harmonie zwischen staatlicher und gesellschaftlicher Organisation vielmehr die These entgegengehalten, daß ein „Ausgleich des einseitigen Staatlichen durch ein kompensatorisches Außerstaatliches notwendig“ sei[218]. So sei die politische Demokratie am besten dort abgestützt, wo sie durch ganz anders strukturierte Sozialbereiche ihr Gegengewicht erhält[219] und der demokratische Staat daher nicht durch die strukturelle Harmonie von staatlichem und gesellschaftlichem Bereich, sondern gerade durch die „Vielfalt der gesellschaftlichen Organisationsformen gekennzeichnet“ ist[220].

c) Die Forderung nach Harmonie von Staats- und Gesellschaftsform und das Grundgesetz

Das Grundgesetz enthält keinen allgemeinen geschriebenen Rechtssatz, der die parallele Struktur von Staats- und Gesellschaftsverfassung gebietet. Die Zugehörigkeit des Prinzips der Harmonie zum ungeschriebenen[221] materiellen Verfassungsrecht läßt sich deshalb nur nachweisen, wenn im Wege der Induktion[222] aus im formellen Verfassungsrecht enthaltenen, konkreten Einzelbestimmungen auf ein allgemeines Prinzip geschlossen werden kann. Mit den Art. 21 Abs. 1 Satz 3 und 28 Abs. 1

---

[214] *R. Schmidt*, Demokratisierung der Schule? S. 8.

[215] Auf diese Gefahr macht eindringlich *Hennis* (Demokratisierung, S. 14) aufmerksam. Vgl. auch *Seibel*, Demokratische Kirche, in: Stimmen der Zeit, Heft 12 (1971), S. 361. Zur Gleichschaltung der politischen Parteien siehe: *W. Henke*, Parteien, S. 28; *Hesse*, VVdStRL 17 (1959), S. 30 und *H. H. Klein* (Grundrechte, S. 46), der es nicht nur für rechtsstaatswidrig, sondern für im Ansatz totalitär hält, „Staat, Schule, Universität, wirtschaftliche Unternehmen, private Vereine, schließlich wohl auch noch die Familie nach demselben — demokratischen — Strukturprinzip zu organisieren“.

[216] *Hättich*, Demokratie, S. 54; *ders.*, Kolloquium, S. 7. Ebenso *Kölble*, Kolloquium, S. 8 f.; *R. Schmidt*, Demokratisierung der Schule? S. 8.

[217] Verfassungsrecht und soziale Struktur, S. 135 ff.

[218] Verfassungsrecht und soziale Struktur, S. 135, 139.

[219] *Hennis*, Kolloquium, S. 7. Zustimmend *Müller*, Kolloquium, S. 8. Dagegen *Ridder* (Art. Staat, in: StL, Sp. 552), der eine Kompensation durch „hierarchisch-oligarchische oder bürokratische Sub- und Kontrastrukturen“ ablehnt, da solche Strukturen, wie etwa die Geschichte der WRV zeige, zur „Aufsprengung“ auch der staatsorganisatorischen Demokratie beigetragen haben.

[220] *R. Schmidt*, Demokratisierung der Schule? S. 8.

[221] Zum ungeschriebenen Verfassungsrecht vgl. die Referate von *A. Voigt* und *E. von Hippel* in VVdStRL 10 (1952), S. 33 ff., 1 ff.

[222] Ein noch allgemeineres Rechtsprinzip, aus dem — im Wege der Deduktion — auf die Geltung des Grundsatzes der Harmonie geschlossen werden könnte, ist nicht ersichtlich.

Satz 1 enthält das Grundgesetz besondere Harmonisierungsbestimmungen. Wie oben dargestellt, schreibt das Grundgesetz damit für diejenigen Bereiche eine der demokratischen staatlichen Ordnung des Bundes parallele Struktur vor, die zur Gewährleistung einer demokratischen Willensbildung des Staats ebenfalls demokratisch organisiert sein müssen. Diese Bestimmungen sind deshalb als abschließend und nicht als Ausformung eines dem Grundgesetz immanenten allgemeinen Grundsatzes der Harmonie anzusehen.

4. Das Grundrecht auf Selbstbestimmung (Art. 1 Abs. 1,2 und Art. 2 Abs. 1 GG)

a) Der Inhalt des Selbstbestimmungsrechts nach dem Grundgesetz

(1) Das Grundgesetz gewährt dem einzelnen das im Bekenntnis zur Achtung der Menschenwürde angelegte[223] *Recht auf die freie Entfaltung seiner Persönlichkeit*, die freie Gestaltung seiner persönlichen Lebensführung innerhalb der durch die verfassungsmäßige Ordnung des demokratischen und sozialen Rechtsstaats gezogenen Grenzen[224].

(2) Die Garantie des Selbstbestimmungsrechts enthält damit *die Chance der „Mündigkeit“*[225] des Menschen. Diese grundrechtlich geschützte Garantie soll die Voraussetzungen eines von jeglicher legitimationslosen staatlichen oder gesellschaftlichen „Bevormundung“ freien, selbstverantwortlichen Lebens schaffen.

b) Das Grundrecht auf Selbstbestimmung und das demokratische Prinzip des Grundgesetzes[226]

(1) Das Selbstbestimmungsrecht des Grundgesetzes enthält eine demokratische Komponente insofern, als diese Gewährleistung die Befugnis des einzelnen auf *gleichberechtigte Mitbestimmung* „in allen seine persönliche Lebensführung unmittelbar berührenden Fragen“[227] enthält, soweit nicht höherrangige Rechtsgüter entgegenstehen. So steht dem Ar-

---

[223] Zum Verhältnis von Menschenwürde, Selbstbestimmung und Demokratie siehe: *Leisner*, Mitbestimmung, S. 27 f.; *Püttner*, Mitbestimmung, S. 40.

[224] Zum Grundrecht auf Selbstbestimmung siehe *Schwerdtfeger*, Mitbestimmung, S. 74 f., 171 f.; *Püttner*, Mitbestimmung, S. 39 ff.; *Leisner*, Mitbestimmung, S. 27 ff.; *Dürig*, in: Maunz/Dürig/Herzog, Rdnr. 28 zu Art. 1.

[225] Zum Begriff der Mündigkeit siehe: *H. Peters*, Art. Demokratie, in: StL, Sp. 584 f.; *G. Heinemann*, in: Bulletin des Presse- und Informationsamtes der Bundesregierung 1973, Nr. 15, S. 125 - 127; Mündige Gesellschaft, Heft Nr. 86 der Offenen Welt, Dez. 1964; *Obermayer*, Mitbestimmung, S. 5.

[226] Zum Verhältnis von Selbstbestimmungsrecht und Demokratie (Demokratisierung) siehe: *Brünner*, JurBl 71, 163; *Scharpf*, Demokratietheorie, S. 54 ff.; *H. H. Rupp*, NJW 72, 1537 ff.

[227] *Obermayer*, Mitbestimmung, S. 22.

beitnehmer z. B. das Recht auf gleichberechtigte Mitentscheidung in allen sozialen Angelegenheiten seines Betriebs *auch* aufgrund des Selbstbestimmungsrechts des Grundgesetzes zu[228]. Die Befugnis des einzelnen, gleichberechtigt am Prozeß der Willensbildung in Organisationen beteiligt zu werden, die in den ihn betreffenden Fragen an der staatlichen Willensbildung institutionell oder verfahrensmäßig beteiligt sind, läßt sich mit dem Grundrecht auf Selbstbestimmung jedoch nicht rechtfertigen, da dieses nur die persönliche, nicht jedoch die politische Freiheit des einzelnen garantiert.

(2) *Ebensowenig kann die Forderung nach demokratischer Ordnung aller gesellschaftlichen Bereiche* mit dem Grundrecht auf Selbstbestimmung des Menschen begründet werden. Denn die Übertragung des Staatsorganisationsprinzips der Demokratie auf den Bereich der persönlichen Lebensführung trägt nicht zu einer Erhöhung der Selbstbestimmung des einzelnen bei. Die Unterwerfung des einzelnen unter die Mehrheitsentscheidung einer sozialen Gruppe auch in Fragen der persönlichen Lebensführung führt vielmehr zu einer Einengung des Freiheitsraums, der dem einzelnen in einer demokratischen Staatsverfassung verbleibt. Was die Rechtsordnung dem einzelnen an persönlicher Freiheit belassen hat, geriete so in die Abhängigkeit kollektiver, gesellschaftlicher Verfügungsgewalt[229].

D. Zusammenfassung

Der Begriff der Demokratie ist nicht abstrakt definierbar, sondern bedarf für jede verfassungsrechtliche Lage einer neuen Inhaltsbestimmung. Das demokratische Prinzip des Grundgesetzes regelt die Willensbildung des Staates und wird inhaltlich durch die Idee der inneren Souveränität des Volkes bestimmt.

Der Forderung nach Demokratisierung kommt verfassungsrechtliche Relevanz nur zu, wenn sie die Durchsetzung der demokratischen Idee in deren Geltungsbereich oder die Erstreckung über diesen Geltungsbereich hinaus auf andere Willensbildungsprozesse bezeichnet. Das Postulat der Demokratisierung der Gesellschaft setzt die Anerkennung eines (funktionellen) Unterschiedes zwischen Staat und Gesellschaft voraus.

Als Staatsverfassung ist das Grundgesetz grundsätzlich gesellschaftspolitisch neutral. Weder mit dem Sozialstaatsgebot des Grundgesetzes noch mit dem Grundrecht auf Selbstbestimmung läßt sich die Forderung

---

[228] *Obermayer*, Mitbestimmung, S. 22.

[229] *H. H. Rupp*, NJW 72, 1542.

nach einer demokratischen Ordnung aller gesellschaftlichen Bereiche begründen. Das verfassungsrechtliche Gebot innerparteilicher Demokratie erweitert zwar den Anwendungsbereich des demokratischen Prinzips auf außerstaatliche Bereiche. Eine analoge Anwendung der Vorschrift des Art. 21 Abs. 1 Satz 3 GG ist jedoch nur auf solche Organisationen zulässig, die — ähnlich den politischen Parteien — an der Willensbildung des Staates unmittelbar beteiligt sind. Die Forderung nach Harmonie von Staats- und Gesellschaftsverfassung ist kein Verfassungsgrundsatz.

Zweites Kapitel

Die Stellung der Interessenverbände im Spannungsfeld zwischen Staat und Gesellschaft

A. Begriff und Arten der Verbände

I. Der Begriff des Verbandes

Der Sinn dieser Untersuchung besteht nicht darin, den unzähligen Abhandlungen über den Verbandsbegriff, die Soziologie und politische Wissenschaften hervorgebracht haben[1], eine weitere hinzuzufügen. Denn der Untersuchungsgegenstand ist einer begrifflichen Klärung soweit zugeführt, daß von einem gesicherten und in seinen Essentialia sowohl von politologisch-soziologischer als auch von juristischer Seite anerkannten Begriff des Verbandes ausgegangen werden kann.

Der Komplexität des Verbandsproblems wird nur eine funktionell-strukturelle Betrachtungsweise gerecht. Als Verbände sind danach Organisationen[2] zu bezeichnen, die, aus einer Vielheit von natürlichen oder juristischen Personen[3] oder einer Vermögensmasse bestehend und zu einem Mindestmaß verfaßt, auf einen gemeinsamen Zweck gerichtet sind[4].

---

[1] Siehe dazu die Zusammenstellung bei *Tudyka/Tudyka*, Verbände, S. 15 f.

[2] Zum Begriff der Organisation siehe *Luhmann*, Art. Organisation, in: EvStL, Sp. 1689 ff.

[3] Damit wird das Problem des „Verbändeverbandes" angesprochen. Siehe dazu *Wittkämper*, Interessenverbände, S. 24.

[4] In Anlehnung an *Herb. Krüger* (Allg. Staatslehre, S. 379 f.) hält es *Varain* (Art. Verbände, in: EvStL, Sp. 2687) für ein konstituierendes Merkmal der Verbände, daß diese versuchen, „im Rahmen des Entscheidungsprozesses eines politischen Systems den von ihnen vertretenen Interessen Teilhabe zu sichern". Dies stellt m. E. bereits eine Verengung des Begriffs auf den in politischer Absicht tätigen Interessenverband dar (vgl. dazu unten, III). So auch *von Beyme* (Interessengruppen, S. 13), der das Streben, „Einfluß auf politische Entscheidungen zu nehmen" als ein Merkmal des Interessenverbandes bezeichnet. Zum Begriff des Verbandes im soziologischen Sinne vgl. grundlegend *M. Weber* (Wirtschaft und Gesellschaft, 2. Aufl. 1925, 1. Halbbd., S. 26), der seine Definitionskriterien jedoch ausschließlich aus dem Verhältnis des Verbandes zu seinen Mitgliedern bezieht und den Begriff des Verbandes damit rein strukturell bestimmt (so auch *Wittkämper*, Interessenverbände, S. 24).

II. Die Organisationsformen der Verbände

1. Einteilungskriterien

Als Anknüpfungspunkte für eine Systematisierung der Verbände unter dem Gesichtspunkt ihrer Organisation[5] kommen Trägerschaft, Rechtsgrundlage und Rechtsfähigkeit in Betracht. Es handelt sich dabei um rein normative Kriterien, die ausschließlich an Rechtssätze anknüpfen, die sich mit der Rechtsform der Verbände befassen. Den Unterscheidungsmerkmalen der öffentlich-rechtlichen oder privatrechtlichen Aufgabenstellung und der Art der Kompetenzzuweisung kommt dabei keine Bedeutung zu.

2. Interne und externe Trägerschaft[6]

Ein Verband entsteht entweder durch einen Gründungsakt der zukünftigen Mitglieder (interne Trägerschaft) oder einen durch Dritte vollzogenen Errichtungsakt (externe Trägerschaft).

Der internen Trägerschaft korrespondiert eine mitgliedschaftliche Verfassung, in der die „rechtsfähigen Träger der Organisation in einem primären und kollegialen Träger- (Kreations-) Organ zusammengefaßt sind und durch dieses oder durch ein aus ihrer Mitte gewähltes Repräsentativ- (Sekundär-) Organ maßgebenden Einfluß auf die Organisation" ausüben[7]. Den Verbänden interner Trägerschaft kommt als Objekt von Demokratisierungsbestrebungen besondere Bedeutung zu. Denn v. a. hier spielt das Problem der Durchsetzung des Gesamtwillens der integrierten Träger der Organisation gegenüber dem Repräsentativorgan eine Rolle.

Die externe Trägerschaft einer Organisation ist dagegen regelmäßig mit einer herrschaftlichen Verfassung verbunden. Dabei fehlt es naturgemäß an einem Trägerorgan. Als Träger der Organisation tritt vielmehr eine (juristische) Person oder Personenvielheit auf, die die Organisation als Handlungseinheit errichtet und diese auf vielfältige Weise — etwa durch aufsichtliche Maßnahmen oder qualifizierte Präsenz in einem Repräsentativorgan — beeinflußt[8]. Die Übertragung des demokratischen Prinzips auf diese Organisationen ist weit weniger aktuell. Hier tritt das

---

[5] Der Begriff der Organisation wird hier im Sinne der rechtswissenschaftlichen Organisationslehre als Synonym für die „innere Ordnung sozialer Gebilde" gebraucht (siehe dazu *Wolff*, Verwaltungsrecht Bd. II, S. 3).

[6] Unterscheidung nach *Wolff*, Verwaltungsrecht Bd. II, S. 6 f.

[7] *Wolff*, Verwaltungsrecht Bd. II, S. 6 f. Hierzu zählen die Körperschaften des öffentlichen Rechts — also sowohl die nach personellen oder funktionellen Kriterien zusammengesetzten „Kammern" als auch die unter territorialen Gesichtspunkten organisierten „politischen Verbände" (Bund, Länder und Gemeinden) — und die vereinsrechtlich oder als Personengesellschaften organisierten Vereinigungen des privaten Rechts.

[8] Als Verbände externer Trägerschaft können Anstalten und Stiftungen bezeichnet werden.

Problem der Durchsetzung des Gesamtwillens nicht auf. Denn die Durchsetzung des Trägerwillens ist keine Frage demokratischer Herrschaft, sondern hierarchischer Gebundenheit an einen auf demokratische Weise vorgeformten Willlen[9].

3. Öffentlich-rechtliche[10] und privatrechtliche Verbände

Unter dem Gesichtspunkt der Rechtsgrundlage lassen sich die Verbände einteilen in Organisationen des öffentlichen und des privaten Rechts.

Die Verbände des privaten Rechts (Stiftungen des bürgerlichen Rechts, Vereine, Personen- und Handelsgesellschaften) entstehen aufgrund eines in seinem Inhalt kraft Verfassungsrechts (Art. 2 Abs. 1, Art. 9 Abs. 1 GG) weitgehend freien privatrechtlichen Gründungsakts. Bei der Gründung öffentlich-rechtlicher Verbände (Körperschaften und Stiftungen des öffentlichen Rechts) ist die Organisationsfreiheit auf die Auswahl zwischen den vorgegebenen Organisationstypen beschränkt und funktional gebunden. Die öffentlich-rechtlichen Verbände bedürfen zu ihrer Entstehung[11] stets eines staatlichen Hoheitsakts. So unterliegen die „Bildung"[12] einer mit hoheitlichen Befugnissen ausgestatteten öffentlich-rechtlichen Körperschaft (des materiellen Rechts)[13] und die Verleihung des öffentlich-rechtlichen Status an diese einem (rechtsstaatlichen) Gesetzesvorbehalt[14]. Diese Akte können nur durch formelles Gesetz oder durch Rechtsverordnung auf Grund eines Gesetzes[15] erfolgen. Die konkrete

---

[9] So ist der Wille des Stifters durch den Stiftungszweck vorgegeben und seine rechtliche und organisatorische Bedeutung mit dem Stiftungsakt erschöpft. Anstalten sind nur Zweckgebilde mit der Funktion, als organisatorisch aus dem Träger einer öffentlichen Aufgabe ausgegliederte Exekutivorgane in relativer Abhängigkeit vom Willen der Trägerorganisation dessen Aufgaben zu erfüllen.

[10] *Herb. Krüger* (Allg. Staatslehre, S. 380 ff.) verwendet daneben den Begriff des „Verbandes von öffentlicher Bedeutung".

[11] Die Begrenzung der Thematik dieser Arbeit auf die privatrechtlich organisierten (Interessen-)Verbände verbietet eine detaillierte Auseinandersetzung mit der Problematik des Kreaktionsaktes öffentlich-rechtlicher Verbände. Siehe dazu insbesondere: *Wolff*, Verwaltungsrecht Bd. II, S. 53 ff., 124 ff.; *Böckenförde*, Organisationsgewalt, S. 45 ff.; zuletzt *Mronz*, Körperschaften, S. 174 ff.

[12] Begriff nach *Wolff*, Verwaltungsrecht Bd. II, S. 53. *Wolff* versteht darunter die „Anordnung, daß ein Funktionssubjekt bestimmter Art entstehen soll" (ebd., S. 54); ebenso *Mronz*, Körperschaften, S. 42 f.

[13] Mit *Mronz* (Körperschaften, S. 143) kann zwischen öffentlich-rechtlichen Körperschaften des materiellen Rechts (die im Wege der Dezentralisierung bzw. Neuaufnahme gebildet und mit Hoheitsgewalt ausgestattet worden sind) und des formellen Rechts (denen lediglich der formale öffentlich-rechtliche Status, nicht dagegen eine materiell-funktionelle Zugehörigkeit zum Staat zukommt) unterschieden werden.

[14] *Wolff*, Verwaltungsrecht Bd. II, S. 124; ebenso *Mronz*, Körperschaften, S. 177. Siehe auch Art. 87 Abs. 3 GG.

[15] *Mronz*, Körperschaften, S. 175, 177.

Ausgestaltung der öffentlich-rechtlichen Körperschaft, ihre „Errichtung" und „Einrichtung"[16], ist dann der Exekutive überlassen[17]. Die Verleihung des (formalen) öffentlich-rechtlichen Körperschaftsstatus an Verbände ohne die Übertragung hoheitlicher Befugnisse ist dagegen nicht a priori dem Parlament vorbehalten. Diese kann vielmehr durch Verwaltungsakt der Exekutivspitze erfolgen, solange nicht der Gesetzgeber von dem ihm auch insoweit zustehenden Zugriffsrecht Gebrauch gemacht hat[18].

Für die Unterscheidung zwischen öffentlich-rechtlichem und privatrechtlichem Verband kommt es ausschließlich auf die Zugehörigkeit der die Form bestimmenden Normen zum öffentlichen oder privaten Recht an. Unerheblich ist, in wessen Hand sich der Verband befindet, ob er einem öffentlichen Zweck zu dienen bestimmt[19], mit hoheitlicher Gewalt beliehen ist oder welcher Rechtsform er sich bei der Erledigung der ihm obliegenden Aufgaben bedient[20].

4. Rechtsfähige, teilrechtsfähige und nicht rechtsfähige Verbände

Unter dem Gesichtspunkt der Trägerschaft von Rechten und Pflichten lassen sich die Verbände einteilen in vollrechtsfähige Verbände des öffentlichen[21] und des privaten Rechts[22], teilrechtsfähige Organisationen, die nur in beschränktem Umfang Träger von öffentlich-rechtlichen oder privatrechtlichen Rechten und Pflichten sein können[23] und schließlich

[16] *Wolff*, Verwaltungsrecht Bd. II, S. 166.

[17] *Mronz* (Körperschaften, S. 175) weist zurecht darauf hin, daß „eine Überantwortung auch nachrangiger Regelungsfunktionen" zur Überforderung der Legislative zu führen droht.

[18] *Mronz*, Körperschaften, S. 181 f. *Mronz* (ebd.) lehnt mit Recht auch die Ansicht ab, daß Körperschaften im formellen Sinn (zumindest) einem ungeschriebenen institutionellen Gesetzesvorbehalt unterworfen seien.

[19] A. A. *Herb. Krüger* (Allg. Staatslehre, S. 399), der die Berufsverbände wegen ihrer öffentlichen Bedeutung nicht als Verbände des privaten Rechts bezeichnen will (siehe insbes. FN 72).

[20] So bleibt eine Aktiengesellschaft auch dann privatrechtlich, wenn sie durch die öffentliche Hand als Hauptaktionär beherrscht wird. Ein als Handelsgesellschaft organisierter Betrieb der Energieversorgung kann zwar als „öffentlicher", nicht dagegen als öffentlich-rechtlicher Verband bezeichnet werden. Die als eingetragene Vereine des Privatrechts verfaßten technischen Überwachungsvereine schließlich, die nach h. A. mit öffentlicher Gewalt beliehen sind, verlieren aus diesem Grunde keineswegs ihre Eigenschaft als Organisationen des privatrechtlichen Rechtskreises. Andererseits ist es für den öffentlich-rechtlichen Charakter eines Verbandes unschädlich, wenn er sich — wie etwa die Bundesanstalt für Arbeit — zur Erfüllung der ihm übertragenen Aufgaben privatrechtlicher Gestaltungsformen, z. B. des Vertrages, bedient.

[21] Juristische Personen des öffentlichen Rechts, wie z. B. rechtsfähige Stiftungen des öffentlichen Rechts, Körperschaften und Anstalten.

[22] Juristische Personen des privaten Rechts, wie z. B. Stiftungen, eingetragene Vereine und Kapitalgesellschaften.

[23] Wie z. B. die Fachbereiche der Hochschulen sowie die Bundesbahn und die Bundespost einerseits, die nichtrechtsfähigen Vereine und die Personenhandelsgesellschaften andererseits.

nichtrechtsfähige Verbände, die ausschließlich Adressaten von Organisationsnormen sind[24].

III. Die Interessenverbände

1. Der Begriff des Interessenverbandes[25]

Das eine Organisation als Interessenverband qualifizierende Element kann weder strukturell noch final bestimmt werden. Es kommt nicht darauf an, wie der Verband organisiert ist und worin der von den Verbandsmitgliedern im Einzelfall verfolgte Zweck besteht. Entscheidend ist allein die aktuelle Funktion des Verbandes. Damit kann grundsätzlich jeder Verband dadurch die Qualität eines Interessenverbandes erlangen, daß er die ihn konstituierenden Interessen nicht nur zu fördern bestrebt ist, sondern „aktiviert"[26] und unter Einsatz seiner politischen und sozialen Macht auf politischem Wege auch gegen Widerstände durchzusetzen versucht. Auch soziale Gruppierungen, die nur ad hoc, in einer bestimmten politischen Situation lose organisiert zur Durchsetzung eines bestimmten Zieles auftreten, werden damit erfaßt[27]. Als Interessenverbände können jedoch solche Organisationen nicht angesprochen werden, die zu ihrer rechtswirksamen Gründung nach dem Gesetz der bindenden Festlegung eines bestimmten Zweckes bedürfen[28]. Auch Verbände, die — wie etwa die Stiftungen des öffentlichen und privaten Rechts — ihren Verbandszweck in sich tragen und Anstalten des öffentlichen Rechts, deren Tätigkeitsbereich und Handlungsformen durch den Anstaltszweck bindend und abschließend festgelegt sind, können nicht Interessenverbände sein.

2. Die Arten der Interessenverbände[29]

a) Einteilungskriterien

Die Einteilung der Interessengruppen ist wie die Klassifikation aller menschlicher Gruppen ein Dauerproblem der Soziologie[30]. Bei der verfassungsrechtlichen Betrachtung des Phänomens der Interessenverbände

---

[24] Das sind z. B. die Gesellschaft nach bürgerlichem Recht und die nichtrechtsfähigen Anstalten.

[25] Siehe dazu *Wittkämper*, Interessenverbände, S. 32; *von Beyme*, Interessengruppen, S. 29.

[26] *von Beyme*, Interessengruppen, S. 29.

[27] Zum Phänomen der Bürgerinitiativen siehe *Schmitt Glaeser*, VVdStRL 31 (1971), S. 187, FN 31.

[28] So kann eine offene Handelsgesellschaft nur zum Zwecke des Betriebs eines Handelsgewerbes begründet werden (§ 105 HGB).

[29] Zur Typologie der Interessenverbände siehe *von Beyme*, Interessengruppen, S. 26 ff.

[30] Zur Geschichte dieser Bestrebungen siehe *von Beyme*, Interessengruppen, S. 26 ff.

kann nur ein Unterscheidungssystem hilfreich sein, das sich an der Relevanz dieser Gruppierungen innerhalb des Prozesses der Willensbildung in Staat und Gesellschaft orientiert. Eine Einteilung der Interessenverbände erscheint danach unter den Gesichtspunkten des Gegenstandes des vertretenen Interesses und der Methode der Einflußnahme sinnvoll.

b) Ideelle Förderverbände und wirtschaftliche Interessengruppen

Die Klassifikation der Interessengruppen nach der Art der von ihnen vertretenen Interessen stellt die allgemeinste und zugleich schwierigste Untergliederung dar. Denn Vereinigungen, die sich die Förderung kultureller, humanitärer, religiöser[31] oder politischer[32] Zwecke zum Ziel gesetzt haben, verfolgen jedenfalls mittelbar auch wirtschaftliche Interessen. Die Durchsetzung ideeller Vorhaben ist ohne das Vorliegen entsprechender materieller Voraussetzungen zum Scheitern verurteilt und bleibt nicht ohne ökonomische Folgen[33]. Umgekehrt bereitet die Einordnung ökonomisch ausgericheter Interessenverbände (wie der Koalitionen) Schwierigkeiten, wenn sie ihre wirtschaftlichen Ziele politisch oder gar ethisch motivieren (Erhaltung der freien Marktwirtschaft einerseits, Verwirklichung des Selbstbestimmungsrechts des Arbeitnehmers andererseits).

c) Pressure Groups und Lobbyismus

Der Bedeutungsinhalt des Begriffs der „pressure group" hat eine Wandlung erfahren. Zur Zeit seiner Entstehung im Jahre 1928[34] mit einem negativen Beigeschmack behaftet, ist dieser Begriff heute eine „wertfreie politikwissenschaftliche Bezeichnung"[35], die überwiegend als Synonym für die Begriffe „Interessengruppen" und „Verbände" gebraucht wird[36]. Der Wortbedeutung besser gerecht wird eine Interpretation, die diesen Begriff auf Interessengruppen beschränkt, die zur Durchsetzung ihrer Ziele Einfluß auf die staatliche Willensbildung ausüben[37]

---

[31] Auch die Religionsgemeinschaften können damit ohne Rücksicht auf ihre Organisation die begrifflichen Voraussetzungen eines Interessenverbandes erfüllen. Siehe dazu *von Beyme*, Interessengruppen, S. 32; *Wasser*, Interessenverbände, S. 4 f.

[32] Zum Verhältnis von Interessenverbänden und politischen Parteien siehe: *von Beyme*, Interessengruppen, S. 121 ff.; *Wittkämper*, Interessenverbände, S. 160; *Varain*, Parteien und Verbände, S. 116 ff.

[33] Siehe dazu *von Beyme*, Interessengruppen, S. 31, 34.

[34] Zur Geschichte dieses Begriffs siehe *Breitling*, Art. Pressure Groups, in: HdSW, Bd. 8, S. 528 f.

[35] *Haußleiter*, Verwaltungssoziologie, S. 63 und *Kaiser*, Art. Pressure Groups, in: Wörterbuch der Soziologie, S. 834.

[36] So wohl auch *Breitling*, Art. Pressure Groups, in: HdSW, Bd. 8, S. 529 und *Kaiser*, Art. Pressure Groups, in: Wörterbuch der Soziologie, S. 834.

[37] In diesem Sinne auch: *Haußleiter*, Verwaltungssoziologie, S. 63; *Wittkämper*, Interessenverbände, S. 10; *Herb. Krüger*, Allg. Staatslehre, S. 381.

und sich dazu bestimmter Mittel (Kontaktaufnahme mit Abgeordneten, Parteifunktionären, Fraktionsspitzen und Repräsentanten der Spitzenbehörden) bedienen. Die Bezeichnung einer Interessengruppe als „pressure group" impliziert also die Kennzeichnung einer bestimmten „Methode politischer Einflußnahme"[38].

Der Begriff der „Lobby" steht seiner Herkunft nach für eine besondere Art der Einflußnahme der Interessenverbände auf die staatliche Willensbildung, nicht für diese Organisation selbst. Unter „Lobby" ist deshalb die Zusammenfassung aller Personen und Institutionen zu verstehen, die den Entscheidungsprozeß der Gesetzgebungsorgane im Sinne der von ihnen vertretenen Interessen zu beeinflussen versuchen[39].

d) Privilegierte Interessenverbände

Unter dem Begriff des privilegierten Interessenverbandes werden im Rahmen dieser Arbeit alle Interessengruppen zusammengefaßt, die institutionell (als Mitglied eines Beratungs- oder Beschlußorgans) oder verfahrensmäßig (im Wege der Anhörung) an der Willensbildung des Staates beteiligt sind. Unerheblich ist dabei, ob diesen Verbänden ein Mitwirkungsrecht kraft Verfassungsrechts oder verfassungskonformer Rechtsnormen zusteht oder ob ihre Beteiligung freiwillig erfolgt.

B. Die verfassungsrechtliche Stellung der Interessenverbände nach dem Grundgesetz

I. Die Interessenverbände als Institut des Verfassungsrechts

Das Grundgesetz enthält keine dem Art. 21 Abs. 1 Satz 1 entsprechende Bestimmung, aus der sich eine Bestandsgarantie der Interessenverbände unmittelbar entnehmen ließe. Die Existenz von Interessenverbänden in der Bundesrepublik Deutschland ist vielmehr durch Art. 9 Abs. 1 GG gewährleistet[40]. Diese Bestimmung enthält ein Doppelgrundrecht[41]. Sie garantiert zum einen das subjektive öffentliche Recht des ein-

[38] *von Beyme*, Interessengruppen, S. 11.

[39] So auch *Wittkämper*, Interessenverbände, S. 11. *von Beyme* (Interessengruppen, S. 12, 90 ff.) erörtert ausführlich Formen und Adressaten des Lobbyismus. *Herb. Krüger* (Allg. Staatslehre, S. 381) erweitert den Begriff des Lobbyismus auf Staatsorgane überhaupt und gebraucht ihn folgerichtig gleichbedeutend mit dem Begriff „pressure group".

[40] *Maunz*, in: Maunz/Dürig/Herzog, Rdnr. 14 zu Art. 9; *Wittkämper*, Interessenverbände, S. 72; *Schmitt Glaeser*, VVdStRL 31 (1973), S. 230.

[41] *von Mangoldt/Klein*, Bd. I, Anm. V 3 zu Art. 9 (S. 327).

zelnen, ohne besondere staatliche Erlaubnis Vereine und Gesellschaften zu bilden, d. h. neue Vereinigungen zu gründen und bestehenden beizutreten. Zum anderen garantiert sie die Befugnis, von der Vereinigungsfreiheit keinen Gebrauch zu machen. Entgegen der wohl herrschenden Meinung[42] enthält Art. 9 Abs. 1 GG zugleich eine Institutsgarantie zugunsten einer Gliederung der Gesellschaft in Vereine, Gesellschaften oder ähnliche Vereinigungen[43] und damit ein Prinzip für einen „Aufbau des Gemeinwesens" nach dem Grundsatz „freier sozialer Gruppenbildung"[44].

Diese Aussage steht zu der oben[45] vertretenen Auffassung, das Grundgesetz sei lediglich Staats-, nicht aber Gesellschaftsverfassung und greife nur in eng begrenzten Ausnahmefällen über den staatlichen Bereich hinaus, nicht entgegen. Das Grundgesetz *gebietet nicht* etwa die Organisation der Gesellschaft als Konglomerat sozialer Gruppen. Hierzu fehlt der Verfassung die Kompetenz. Das Grundgesetz erhöht vielmehr den organisatorischen Freiheitsraum der Gesellschaft, indem es eine pluralistische Gliederung ausdrücklich *zuläßt*.

II. Die verfassungsrechtlichen Garantien für das Wirken der Interessenverbände

1. Die Interessenverbände und der gesellschaftliche Willensbildungsprozeß

a) Von der individuellen Meinungsbildung des Bürgers zur Willensbildung des Volkes

Die in der Diskussion oft vermengten Begriffe der Meinungs- und Willensbildung sind klar zu unterscheiden[46]. Die Meinungsbildung in politischen Fragen ist Voraussetzung für die Artikulation politischen Willens. Politischer Wille ist stets aktivierte politische Meinung. Als Medium dient dabei die „öffentliche Meinung"[47]. Sie stellt einen Extrakt der viel-

---

[42] *Maunz*, in: Maunz/Dürig/Herzog, Rdnr. 20 zu Art. 9; *Abel*, Die Bedeutung der Lehre von den Einrichtungsgarantien für die Auslegung des Bonner Grundgesetzes, 1964, S. 40. Wie hier: *von Mangoldt/Klein*, Bd. I, Anm. III 2, 4 zu Art. 9 (S. 324 f.); *Wittkämper*, Interessenverbände, S. 73; *Füßlein*, Art. Vereins- und Versammlungsfreiheit, in: Die Grundrechte Bd. II, S. 430; *Wasser*, Interessenverbände, S. 9.

[43] Insofern ist auch die Ansicht von *Herzog* (Art. Grundgesetz, in: EvStL, Sp. 917), das Grundgesetz behandle die Bildung der Verbände als reines Grundrechtsproblem, nicht ganz zutreffend.

[44] So v. a. *Hesse*, Grundzüge, S. 166.

[45] 1. Kap. C I 2.

[46] Diesen Unterschied macht auch das Bundesverfassungsgericht (E 20, 97 f.).

[47] Zu ihrer Entstehung siehe BVerfGE 8, 113; 12, 125, 260. Zum Phänomen der öffentlichen Meinung allgemein siehe *Herb. Krüger*, Allg. Staatslehre, S. 437 ff.

fältigen privaten Meinungen dar und strebt bereits nach politischer Aktion durch Beeinflussung der Staatsorgane. Das Bundesverfassungsgericht bezeichnet den Prozeß der Bildung der öffentlichen Meinung als „Vorformung der politischen Willensbildung des Volkes“[48].

b) *Die Interessenverbände als legale intermediäre Kräfte*

(1) Dem *Grundrecht der Vereinigungsfreiheit* kommt nicht nur für die Existenz, sondern auch für die Tätigkeit der Interessenverbände Bedeutung zu. Die kollektive Seite des Art. 9 Abs. 1 GG wird neben dem individuell-institutionellen Aspekt häufig vernachlässigt. Die Meinung, daß die Vereinigungsfreiheit „nur den Aspekt ‚Vereinigung‘, nicht die sodann entfaltete Tätigkeit eines Vereins“ decke[49], ist mit einem zeitgemäßen Grundrechtsverständnis nicht vereinbar. Keine Vereinigung ist Selbstzweck. Sie mag passiv (als reine Schutzorganisation) oder aktiv (als „pressure group“) ausgerichtet sein. Vereinigungsfreiheit ist jedenfalls nur dann gewährleistet, wenn dem in Ausübung der individuellen Koalitionsfreiheit begründeten Zusammenschluß das Recht gewährt ist, sich dem konstituierenden Zweck entsprechend zu betätigen[50]. Die individuelle Vereinigungsfreiheit würde leerlaufen und ihren politischen Sinn verfehlen, stünde ihr nicht eine kollektive Komponente zur Seite. In dieser Verknüpfung manifestiert sich die politische Funktion des Grundrechts der Vereinigungsfreiheit[51]. Das Wirken der Interessenverbände im demokratischen Staat wird damit als spezifisch politische Funktion der grundrechtlichen (kollektiven) Vereinigungsfreiheit begriffen[52].

(2) Die Notwendigkeit freier Existenz und freien Wirkens organisierter sozialer Gruppen ist bereits in *Art. 5 Abs. 1 Satz 1 GG* angelegt. *Hesse*[53] weist mit Recht darauf hin, daß das Grundrecht der Vereinigungsfreiheit die „Komplimentärgarantie“ zur Meinungsfreiheit darstellt. Dabei gilt es jedoch zu unterscheiden: Die Freiheit des Individuums, mit anderen

---

[48] BVerfGE 8, 113; vgl. auch BVerfGE 20, 98.

[49] *Leisner*, Art. Vereinigungsfreiheit, in: EvStL, Sp. 2700.

[50] *Maunz*, in: Maunz/Dürig/Herzog, Rdnr. 17 zu Art. 9; *Stein*, Staatsrecht, S. 153; *Hesse*, Grundzüge, S. 166; *Wittkämper*, Interessenverbände, S. 73; im Ergebnis ebenso *Wasser*, Interessenverbände, S. 9. Über Art und Umfang dieser Tätigkeit freilich kann Art. 9 Abs. 1 GG nichts entnommen werden. Anderer Ansicht ist wohl *Hesse* (ebd.), der in Art. 9 GG Grundlage und Schutz des Einflusses der Verbände auf die öffentliche Meinung und ihres Anteils an der Vorformung des politischen Willens sieht.

[51] Siehe dazu *Maunz*, in: Maunz/Dürig/Herzog, Rdnr. 13 zu Art. 9; *Stein*, Staatsrecht, S. 151 ff.

[52] *Maunz*, in: Maunz/Dürig/Herzog, Rdnr. 13 zu Art. 9. Zum Inhalt der Koalitionsfreiheit siehe ausführlich *Scholz*, Koalitionsfreiheit. Den historischen Zusammenhang zwischen der Entstehung von Interessenverbänden und Verkündung der Koalitionsfreiheit zeigt *von Beyme* (Interessengruppen, S. 21 ff.) auf.

[53] Grundzüge, S. 166.

Vereinigungen zu bilden, ist eine wesentliche Voraussetzung für die Bildung politischer Meinung[54]. Denn die Meinungsbildung der einzelnen wird durch die Diskussion kontroverser Ansichten in der Gruppe gefördert. Die kollektive Vereinigungsfreiheit dagegen stellt die notwendige Ergänzung zum Grundrecht der Meinungsäußerung und -verbreitung dar. Denn nicht die in der Ohnmacht des einzelnen, wohl aber die mit dem sozialen Gewicht einer Vereinigung vorgetragene öffentliche Meinung[55] hat Aussicht auf politische Wirksamkeit.

(3) *Die Vorschriften des Art. 21 Abs. 1 GG* haben für die Bestimmung des verfassungsrechtlichen Stellenwerts der Interessenverbände zumindest mittelbare Bedeutung. Diese Vorschriften gehen in ihrem ausdrücklichen Regelungsgehalt über Art. 9 Abs. 1 GG hinaus. Sie enthalten einmal die für die deutsche Verfassungsgeschichte neue Garantie der freien Gründung und des Bestandes der politischen Parteien und damit eine lex specialis zu Art. 9 GG[56]. Trotz aller Meinungsverschiedenheiten über den verfassungsrechtlichen Status der Parteien[57] steht fest, daß das Grundgesetz mit der ausdrücklichen Nennung der politischen Parteien die bereits durch Art. 9 GG getroffene Entscheidung für eine pluralistische Gesellschaft bekräftigt. Zum anderen trifft aber Art. 21 Abs. 1 Satz 1 GG eine Aussage über die Stellung, die das Grundgesetz den Parteien im Verhältnis zwischen Staat und Gesellschaft zuweist, indem es den politischen Parteien die Aufgabe stellt, bei der politischen Willensbildung des Volkes mitzuwirken.

Das Grundgesetz geht danach von einer Verfassungsordnung aus, in der die Gesellschaft dem Staat nicht als eine amorphe, willenlose Masse gegenübersteht, sondern als eine, nach politischen Ansichten „formierte"[58] Mehrzahl von Gruppen, in denen sich der politische Wille vorformt. Gewiß kann darin nicht ohne weiteres auch eine verfassungsrechtliche Anerkennung politischen Wirkens der Verbände gesehen werden. Der verfassungsrechtliche Begriff der Partei ist auf den originär politischen

---

[54] Vgl. *Maunz*, in: Maunz/Dürig/Herzog, Rdnr. 13 zu Art. 9; *Wittkämper*, Interessenverbände, S. 117.

[55] *Wittkämper* (Interessenverbände, S. 116) weist mit Recht darauf hin, daß in Art. 5 Abs. 1 GG auch Bildung und Bestand von „öffentlichen Meinungen" mitgarantiert sind (vgl. auch BVerfGE 8, 112 f.; *von Mangoldt/Klein*, Bd. I, Anm. II 3 zu Art. 5 — S. 236 f.; *Ridder*, Meinungsfreiheit, S. 249 - 262, 265, 288 ff.).

[56] So wohl auch *W. Henke*, Parteien, S. 31; *Maunz*, in: Maunz/Dürig/Herzog, Rdnr. 38 zu Art. 21, Rdnr. 13 zu Art. 9; a. A. *Hesse*, Grundzüge, S. 167.

[57] Siehe dazu oben, 1. Kap. C II 1 c.

[58] Zum Begriff der formierten Gesellschaft vgl. zuletzt *L. Erhard*, Demokratie heißt Freiheit, Recht, Ordnung, in: Grenzen der Demokratie? 1973, S. 30 ff. Grundlegend *L. Erhard*, Regierungserklärung vom 10. 11. 1965 in: Die formierte Gesellschaft. Ludwig Erhards Gedanken zur politischen Ordnung Deutschlands, Presse- und Informationsamt der Bundesrepublik (Hg.), S. 33.

Raum beschränkt und erfaßt damit nur Organisationen, die eine unmittelbare Beteiligung an der politischen Willensbildung des Staates im Parlament durch die Teilnahme an Wahlen und Mitwirkung bei der parlamentarischen Arbeit anstreben[59]. *Maunz*[60] weist mit Recht darauf hin, daß sich die Verbände durch das Fehlen einer dem Art. 21 Abs. 1 Satz 1 GG entsprechenden Bestimmung in einer ähnlichen Lage befinden wie die Parteien vor Aufnahme des Art. 21 in das Grundgesetz. Die ausdrückliche Einschaltung eines spezifischen Verbandes (der politischen Partei) in die politische Willensbildung des Volkes beweist jedoch zumindest, daß das Grundgesetz eine Mediatisierung des Volkswillens durch soziale Verbände und deren Beteiligung an der Willensbildung des Volkes nicht verbietet. Einen Umkehrschluß aus Art. 21 Abs. 1 Satz 1 GG verbietet bereits der Wortlaut dieser Bestimmung, wonach die politischen Parteien bei der politischen Willensbildung des Volkes nur *mitwirken*[61]. Aber auch der Zusammenhang zwischen dieser Vorschrift und der kollektiven Seite des Grundrechts der Vereinigungsfreiheit sowie dem demokratischen Prinzip schließt eine Monopolstellung[62] der politischen Parteien in diesem Bereich aus.

2. Die Interessenverbände und die Willensbildung des Staates

a) Die politische Willensbildung des Volkes und die Willensbildung des Staates

Willensbildung des Volkes und Willensbildung des Staates sind nicht identisch. Der permanente Prozeß der Willensbildung in dem vom Pluralismus bestimmten, aktionsunfähigen gesellschaftlichen Bereich ist von der Willensbildung der für das Volk handelnden staatlichen Organe grundsätzlich zu trennen. Diesen Unterschied hat das Bundesverfassungsgericht[63] unter Hinweis auf Art. 21 Abs. 1 GG einerseits und Art. 20 Abs. 2 GG andererseits klar herausgestellt. Verschränkungen zwischen der Äußerung des Volkswillens und der Bildung des Staatswillens finden sich dort, wo entweder dem Volk selbst oder dessen ständiger Repräsen-

---

[59] *Maunz*, in: Maunz/Dürig/Herzog, Rdnr. 10 zu Art. 21. Im Ergebnis abweichend *Ridder*, Meinungsfreiheit, S. 256 f., der in Art. 21 GG die „Haupt- und Grundnorm der institutionellen öffentlichen Meinungsfreiheit des modernen Parteienstaates" sieht (S. 257).

[60] *Maunz*, in: Maunz/Dürig/Herzog, Rdnr. 14 zu Art. 9. Ebenso *Wasser*, Interessenverbände (S. 1). Diesen Zustand beklagt *Wertenbruch*. Er hält die Konstitutionalisierung der Verbände für notwendig (Gedächtnisschrift für Hans Peters, 1967, S. 631).

[61] So schon *Ridder*, Meinungsfreiheit, S. 255 und *Wittkämper*, Interessenverbände, S. 133, 160.

[62] *Wertenbruch*, Gedächtnisschrift für Hans Peters, 1967, S. 630. Im Ergebnis ebenso *H. H. Klein*, DÖV 67, 619.

[63] BVerfGE 8, 113; 20, 198. Kritisch hierzu *Schmitt Glaeser*, AöR 97 (1972), S. 108 ff.

tanz die Eigenschaft eines handlungsfähigen Verfassungsorgans zukommt[64]. So mündet der kanalisierte Strom der Willensbildung des Volkes in den die Staatsorgane erst (unmittelbar oder mittelbar) hervorbringenden und damit für die Willensbildung im Staat zumindest vorentscheidenden Akt der Parlamentswahl. Hier übt das Volk selbst Staatsgewalt aus[65]. Gleiches gilt für die im Verfassungsrecht der Bundesrepublik Deutschland seltenen Fälle unmittelbarer, plebiszitärer Demokratie, in denen das Staatsvolk selbst zur Abstimmung über Fragen großer politischer Tragweite ohne Zwischenschaltung eines Repräsentativorgans berufen ist[66]. Rein institutionelle Verflechtungen zwischen Willensbildung des Volkes und Staatswillensbildung ergeben sich daraus, daß das ständige Repräsentativorgan des Volkes zwischen den Wahlen — das Parlament — zugleich das (gesetzgebende) Organ des Staates darstellt. Diese organisatorische Doppelstellung des Parlaments kann nicht vernachlässigt werden. Denn ihr korrespondiert ein Funktionsunterschied: Als Organ der staatlichen Gesetzgebung erschöpft sich die Aufgabe des Parlaments in der Schaffung demokratisch legitimierter Gesetze. Als „Volksvertretung" obliegt dem Parlament die Kontrolle der Regierung. In Erfüllung dieser Aufgabe kann das Volk, mediatisiert durch seine Repräsentanz, auch zwischen den Wahlterminen in Form von Interpellationen, durch Ausübung des Enquêterechts oder der Finanzkontrolle Meinung bilden und äußern.

b) Die Räume staatlicher Willensbildung

Der Bereich staatlicher Willensbildung wird häufig mit dem Vorgang der parlamentarischen Willensbildung identifiziert. Diese Sicht wird der Komplexität des staatlichen Willensbildungsprozesses nicht gerecht. Jede staatliche Willens*äußerung* bei der Erfüllung staatlicher Aufgaben bedarf vorheriger Willens*bildung*. Dies gilt sowohl für gesetzgebende als auch für vollziehende und rechtsprechende Akte des Staates. Das Grundgesetz behandelt das Problem der staatlichen Willensbildung nicht ausdrücklich. Es trifft in Art. 20 Abs. 2 Satz 2 GG eine Regelung für die Ausübung der Staatsgewalt als Äußerung staatlichen Willens durch besondere staatliche Organe und setzt damit voraus, daß diesen Organen ein eigener Raum der Willensbildung zusteht. Für eine ausschließliche Ansiedelung der staatlichen Willensbildung im parlamentarischen Raum gibt das Grundgesetz damit keinen Anhaltspunkt. Es trifft zwar zu, daß Willensbildung im parlamentarisch-demokratischen Rechtsstaat haupt-

[64] In seinem Urteil vom 30. 7. 1958 (BVerfGE 8, 113) gebraucht das Bundesverfassungsgericht den Begriff „Staatsorgan". Später (BVerfGE 20, 198) wie hier.

[65] Siehe dazu Art. 20 Abs. 2 Satz 2 GG.

[66] Siehe dazu Art. 29 und 118 GG. Aus dem Landesverfassungsrecht sind z. B. Volksbegehren und Volksentscheid nach der Bayerischen Verfassung vom 2. 12. 1946 (Art. 71 ff.) zu nennen.

sächlich in Form parlamentarischer Willensbildung erfolgt. Während die Verfassung den Rahmen für diese parlamentarische Willensbildung darstellt, steckt das demokratisch legitimierte Gesetz das Feld ab, innerhalb dessen Exekutive und Judikative zu eigener Willensbildung befugt sind. Verfassung und Gesetz sind somit Begrenzungen für die Freiheit staatlicher Willensbildung auf verschiedenen Ebenen.

Unterhalb dieser primären parlamentarischen Willensbildung verbleibt den übrigen Staatsorganen jedoch ein (qualitativ und quantitativ begrenzter) Raum autonomer Willensbildung. Die Einschränkung ergibt sich aus der Gesetzesgebundenheit von Verwaltung und Rechtsprechung und ist nach Art der Staatstätigkeit verschieden.

Im Bereich der Exekutive bestehen große Reservate autonomer Willensbildung. Die Tätigkeit der „vollziehenden Gewalt" erschöpft sich keineswegs im bloßen Gesetzesvollzug. Denn der Grundsatz der Gesetzmäßigkeit der Verwaltung besagt nicht, daß jede Handlung der Verwaltung einer gesetzlichen Grundlage bedarf. Der Exekutive ist vielmehr kraft Verfassungsrechts ein Bereich zugewiesen, der durch die Gesetze abgesteckt wird und innerhalb dessen der Verwaltung eine nur durch die Verfassung limitierte Handlungsfreiheit zusteht[67]. „Gesetzmäßig verwalten" heißt deshalb nur, unter Beachtung der Gesetze zu verwalten. Damit steht der gesamte Bereich der Regierungstätigkeit[68] der autonomen Willensbildung der zweiten Gewalt offen. Innerhalb dieses (selbständigen) „Bereichs der Regierung"[69] wird z. B. die Planung von Gesetzesvorhaben betrieben. Auch im Bereich der echten, gesetzesvollziehenden Verwaltungstätigkeit ist eine Willensbildung der Verwaltung nicht ausgeschlossen. So setzt die Ausfüllung einer gesetzlichen Ermächtigung zum Erlaß untergesetzlichen Rechts (Art. 80 GG) einen Akt der Willensbildung voraus. Dies gilt auch für die Anwendung von Ermessensvorschriften[70]. Die Beantwortung der Frage, ob bei Entsprechung von Sachverhalt und gesetzlichem Tatbestand die vom Gesetz vorgesehene Rechtsfolge auszusprechen ist, kann erst nach Abschluß der Willensbildung innerhalb des für die Entscheidung zuständigen Organs[71] erfolgen.

[67] Im Ergebnis ebenso *Maunz*, in: Maunz/Dürig/Herzog, Rdnr. 141 zu Art. 20. Vgl. auch *Papier*, Die finanzrechtlichen Gesetzesvorbehalte und das grundgesetzliche Demokratisierungsprinzip, 1973.

[68] Siehe dazu *Maunz*, in: Maunz/Dürig/Herzog, Rdnr. 144 zu Art. 20.

[69] Siehe dazu *Scheuner*, Der Bereich der Regierung, in: Festgabe für Smend, 1952, S. 253 ff.

[70] Auf die alte und immer wieder neue Diskussion über Begriff und dogmatische Einordnung des Ermessens kann hier nicht näher eingegangen werden. Siehe dazu den Überblick bei *Obermayer*, Grundzüge, S. 56 ff.

[71] *Forsthoff* (Verwaltungsrecht Bd. I, S. 205 f.) äußert Bedenken dagegen, die Akte der Verwaltungsbehörden oder gar des einzelnen Beamten (S. 207) als echte „Willenserklärungen" i. S. des bürgerlichen Rechts zu betrachten. Dem ist zuzustimmen. Es ist jedoch daran festzuhalten, daß auch im Rahmen der gesetzesvollziehenden Verwaltung — jedenfalls innerhalb der aufgezeig-

Schließlich gehören auch die Auslegung eines unbestimmten Rechtsbegriffs[72] und die Interpretation von Rechtsnormen durch Verwaltungsvorschriften zum Bereich der Willensbildung der Verwaltung. Denn auch die Entscheidung, daß eine bestimmte Auslegung als die vom Gesetz verlangte und damit einzig richtige sei, setzt einen voluntativen Akt voraus. Soweit den Verwaltungsbehörden hierbei ein Beurteilungsspielraum eingeräumt ist, erscheint dies ohnehin selbstverständlich.

Für den Bereich der Rechtsprechung scheint die Anerkennung eines Raumes autonomer Willensbildung absurd. Stellt diese Form der Staatstätigkeit doch den Prototyp streng gesetzesgebundener Staatstätigkeit dar. Ohne auf die Kontroversen einzugehen, die auch um die dogmatische Frage bestehen, ob im Bereich der Rechtsprechung die Begriffe Ermessen, unbestimmter Rechtsbegriff und Beurteilungsfreiheit eine Rolle spielen[73], muß jedoch festgestellt werden, daß die einzelnen Verfahrensordnungen eine Vielzahl von Bestimmungen enthalten, deren Vollzug von den Organen der Rechtsprechung eigene Willensbildung verlangen[74]. Diese Willensbildung mag nur eine Konkretisierung des gesetzgeberischen Willens durch Detaillierung der allgemeinen, gesetzlichen Leitlinien darstellen[75], geht aber jedenfalls über das bloße „Vollziehenwollen“ hinaus, da sie den Inhalt der Entscheidung bestimmt.

c) Die verfassungsrechtliche Grundlegung der Beteiligung von Interessenverbänden an der Willensbildung des Staates

(1) Das organisatorische Verfassungsrecht

Die organisatorischen Bestimmungen des Grundgesetzes[76] können für die Begründung der Forderung nach Beteiligung von Interessenverbänden an der staatlichen Willensbildung nicht herangezogen werden. Soweit das Grundgesetz den Willensbildungsprozeß des Staates überhaupt regelt, nimmt es lediglich eine Funktionsverteilung auf die verfassungsrechtlich institutionalisierten Staatsorgane vor (vgl. Art. 76 ff., 80, 83 ff., 92 ff.). Daneben spielt das Volk selbst eine Rolle nur insoweit, als ihm ausnahmsweise die Eigenschaft eines handlungsfähigen Verfassungsorgans zukommt. Eine Mitwirkung intermediärer Kräfte ist nicht vor-

---

ten Grenzen — staatliche Willensbildung und Äußerung dieses Willens möglich sind..

[72] Siehe insbesondere *Obermayer*, Grundzüge, S. 58 ff.

[73] Für die strafrechtliche Diskussion siehe insbesondere *Frisch*, NJW 73, 1345 ff.

[74] Vgl. §§ 3, 91 a, 97, 100, 112, 454, 938 ZPO; §§ 61, 83 StPO.

[75] So *Frisch*, NJW 73, 1347.

[76] Eine sehr instruktive Zusammenstellung der Bestimmungen in den Länderverfassungen, die eine Mitwirkung der Interessenverbände an der Willensbildung des Staates vorsehen, gibt *Wittkämper*, Interessenverbände, S. 48; vgl. auch unten, C II.

gesehen[77]. Selbst die Parteien als die an der Nahtstelle zwischen Volks- und Staatswillensbildung angesiedelten und damit dem Staat am nächsten stehenden sozialen Verbände sind auf Mitwirkung an der Willensbildung des *Volkes* beschränkt (Art. 21 Abs. 1 GG). Der *faktische* Einfluß der politischen Parteien auf die Bildung des Staatswillens[78] hat seine Ursache nicht im organisatorischen Verfassungsrecht, sondern ist in der Stellung angelegt, die den Parteien nach dem parlamentarischen Prinzip zukommt.

(2) Der Partizipationsgedanke

Partizipation ist keine Entdeckung unserer Zeit. Mit dem Gedanken der Demokratie verwandt, ist ihr Anliegen so alt wie die Demokratietheorie selbst[79]. In den Mittelpunkt des Interesses der Rechts- und Staatswissenschaft in der Bundesrepublik Deutschland ist dieser Begriff durch die Diskussion über die wirtschaftliche Mitbestimmung in Betrieben und Unternehmen[80] und die Auseinandersetzung um die paritätische Besetzung der Hochschulgremien[81] gerückt worden. Die deutsche Sozialwissen-

---

[77] Zur Einschaltung der Interessenverbände in die Staatswillensbildung durch das sekundäre Verfassungsrecht in Form von Geschäftsordnungen der Verfassungsorgane siehe unten, C II.

[78] Dieser Einfluß wird auch vom Bundesverfassungsgericht (E 20, 99) ausdrücklich anerkannt.

[79] *Dagtoglou*, DVBl 72, 712. Zur Geschichte des Gedankens der Partizipation siehe insbesondere *Rammstedt*, ZfP 70, 343 ff.

[80] Das Schrifttum hierzu ist mittlerweile unüberschaubar. Siehe etwa: *Duden*, ZRP 72, 29 ff.; *E. R. Huber*, Grundgesetz und wirtschaftliche Mitbestimmung, 1970; *Kunze/Christmann*, Wirtschaftliche Mitbestimmung im Meinungsstreit, 1964; *Herb. Krüger*, Der Regierungsentwurf eines Betriebsverfassungsgesetzes vom 29. Januar 1971 und das Grundgesetz, Hamburger öffentlich-rechtliche Nebenstunden, Bd. 27, 1971; *Leisner*, Mitbestimmung; *Obermayer*, DB 71, 1715 ff.; *Richardi*, Art. Mitbestimmung, in: EvStL, Sp. 1568 ff.; *H. P. Schneider*, DÖV 72, 598 ff.; *Schwerdtfeger*, Mitbestimmung; *Hartmut Weber*, Demokratisierung der Wirtschaft? in: Wolf-Dieter Marsch (Hg.), Die Freiheit planen, 1971, S. 30 ff. Vgl. auch die Nachweise bei *Blümel*, Festschrift für Forsthoff, 1972, S. 12, FN 23.

Für den öffentlich-rechtlichen Bereich siehe daneben u. a.: *Biedenkopf* und *Säcker*, Grenzen der Mitbestimmung in kommunalen Versorgungsunternehmen, ZfA 71, 211 ff.; *Ellwein* u. a., Mitbestimmung im öffentlichen Dienst, 1969; *Hensche*, Erweiterung der Mitbestimmung durch privatautonome Regelung, insbes. im Unternehmen der öffentlichen Hand, in: ArbuR 71, 33 ff.; *Ossenbühl*, Erweiterte Mitbestimmung in kommunalen Eigengesellschaften, 1972; *Obermayer*, Mitbestimmung; *Püttner*, Mitbestimmung; *Raiser*, RdA 72, 65 ff.

[81] Siehe dazu aus der letzten Zeit: *H. H. Klein*, Demokratisierung der Universität, 1968; *Sontheimer*, Die Demokratisierung der Universität, in: Schwan/Sontheimer, Reform als Alternative, 1969, S. 63; *ders.*, Die moderne Universität und ihr Recht, in: Festschrift für Leibholz, 1966, 283 ff.; *Hennis*, Demokratisierung, S. 15; 18 f.; *ders.* und *Sontheimer*, Kolloquium, S. 16 f., S. 10; *ders.*, Die deutsche Unruhe, Studien zur Hochschulpolitik 1969, S. 79 - 97; *ders.*, Die Stunde der Studenten, FAZ vom 30. 1. 1968, Nr. 25, S. 10; *Matz*, ZfP 69, 183 - 197. *W. Weber*, Neue Aspekte der Freiheit von Forschung und Lehre. Die verfassungsrechtlichen Grenzen der Mitbestimmung im akademischen Bereich, in:

schaft hat, auf empirische Untersuchungen in den USA gestützt, den Gedanken der Partizipation als Therapie einer angeblichen Alienation zwischen Regierenden und Regierten aufgegriffen[82].

Der Begriff der Partizipation ist ebenso konturenlos wie die Idee der Demokratisierung[83]. So wird auch Partizipation weniger als verfassungsrechtliches Argument, denn als „politischer Kampfbegriff"[84] gebraucht und — je nach politischem Standort — als Zauberwort[85] zur Rechtfertigung gesellschaftspolitischer Ziele aller Art herangezogen. Die von juristischer Seite beklagte Unbestimmtheit dieses Begriffs rührt daher, daß er der Verfassungsordnung der Bundesrepublik Deutschland fremd ist und ihm ein klarer staatsrechtlicher Bezugspunkt fehlt[86]. Dies hat zur Folge, daß über seinen Aussagewert, sofern dieser überhaupt diskutiert wird[87], Einigkeit nicht zu erzielen ist: Der Bedeutungsinhalt reicht von einer nicht näher qualifizierten „Teilhabe"[88] über einfache Formen der Anhörung und Befragung, institutionalisierte Arten der Einflußnahme, bis zur Mitentscheidung im Wege paritätischer Mitbestimmung[89]. Die Probleme der Auswahl der Partizipienten[90] und des Anwendungsbereiches dieses Prinzips[91] sind weitgehend ungeklärt.

Im staatsrechtlichen Schrifttum der Gegenwart erscheint der Begriff der Partizipation vor allem im Zusammenhang und häufig gleichbedeu-

---

Festschrift für Felsentraeger 1969, S. 225 - 258; *Rupp*, JZ 70, 165 ff.; *Roellecke*, JZ 69, 726 ff.; *Herb. Krüger*, Die deutsche Staatlichkeit im Jahre 1971, in: Der Staat, Bd. 10 (1971), S. 18 ff., 29 f.; *Fraenkel*, Universität und Demokratie 1967; *Kimminich*, DVBl 68, 679 ff.; *Nolte*, Sinn und Widersinn der Demokratisierung in der Universität, 1968; *Rinken*, JuS 68, 257 - 263; *Rupp* und *Geck*, VVdStRL 27 (1969), S. 1 - 29; 31 - 75; *Wulfhorst*, DVBl 68, 686 ff. Für die österreichische Diskussion vgl. *Brünner*, JurBl 71, 166 ff. Vgl. auch die Nachweise bei *Blümel*, Festschrift für Forsthoff, 1972, S. 12 FN 21; 13 FN 26.

[82] Vgl. dazu die Nachweise bei *Dagtoglou*, DVBl 72, 712.

[83] Siehe dazu oben, 1. Kap. Abschn. B.

[84] *Schmitt Glaeser*, VVdStRL 31 (1973), S. 180.

[85] *Blümel*, VVdStRL 31 (1973), S. 300 (Diskussion).

[86] *Walter*, VVdStRL 31 (1973), S. 147.

[87] Siehe dazu die Definitionsversuche bei *Steffani* (Parlamentarische Demokratie — Zur Problematik von Effizienz, Transparenz und Partizipation, in: *Steffani* — Hg. — Parlamentarismus ohne Transparenz, Kritik Bd. III, 1971, S. 17 ff.), *Zimpel* (Art. politische Beteiligung, in: Handlexikon zur Politikwissenschaft, 1970, S. 310), *Walter* (VVdStRL 31 — 1973 — S. 151, 175) und *Schmitt Glaeser* (ebenda, S. 190 ff.).

[88] So z. B. *Pufendorf*, in: Partizipation. Aspekte politischer Kultur (1970), S. 5 f.

[89] Zur Bedeutungsvielfalt des Begriffs der Partizipation siehe *Blümel*, Festschrift für Forsthoff, 1972, S. 19 ff. und *Schmitt Glaeser*, VVdStRL 31 (1973), S. 181 f. (insbes. FN 6 und 7).

[90] Siehe dazu *Blümel*, Festschrift für Forsthoff, 1972, S. 21 ff.; *Walter*, VVdStRL 31 (1973), S. 154; *Schmitt Glaeser*, VVdStRL 31 (1973), S. 190 ff.; *Dagtoglou*, DVBl 72, 714 f.

[91] Siehe dazu insbes. *Schmitt Glaeser*, VVdStRL 31 (1973), S. 221 ff.

tend mit den Forderungen nach Demokratisierung der Verwaltung im allgemeinen[92], des Entscheidungsvorgangs[93] und des Planungsprozesses[94] im besonderen. Dies stellt eine Problembegrenzung dar. Das Phänomen der Partizipation wird damit allgemein bei der Willensbildung des Staates angesiedelt. Aus dem breiten Spektrum möglicher Bedeutungsinhalte dieses Begriffs interessiert den Verfassungsjuristen der Begriff der Partizipation als jede Form[95] der direkten[96] Teilhabe staatsfremder[97] einzelner oder sozialer Gruppen an der Willensbildung des Staates in den diese betreffenden Angelegenheiten, die über die bloße Mitwirkung durch gewählte Volksvertreter hinausgeht[98].

Für die Beantwortung der Frage, ob der Gedanke der Partizipation eine Beteiligung von Interessenvertretern an der staatlichen Willensbildung zu rechtfertigen vermag, ist entscheidend, ob die Idee der Partizipation als ein in der Verfassungsordnung der Bundesrepublik Deutschland niedergelegtes, selbständiges Prinzip nachgewiesen werden kann.

---

[92] Siehe dazu aus der neueren Literatur insbesondere *Herzog*, Möglichkeiten und Grenzen des Demokratieprinzips in der öffentlichen Verwaltung, in: Demokratie und Verwaltung, 25 Jahre Hochschule für Verwaltungswissenschaften Speyer, 1972, S. 211 ff.; *Isensee*, Beamtenstreik, S. 121 f.; *Kisker*, DÖV 72, 520 ff.; *Luhmann*, Politikbegriffe und die „Politisierung" der Verwaltung, in: Demokratie und Verwaltung, 25 Jahre Hochschule für Verwaltungswissenschaften Speyer, 1972, S. 211 ff.; *Obermayer*, Mitbestimmung, S. 24 f.; *von Oertzen* (Hg.), „Demokratisierung" und Funktionsfähigkeit der Verwaltung, 1974; *Püttner*, Mitbestimmung, S. 56; *Zeidler*, DVBl 73, 719 ff. Vgl. auch schon *Schmitt*, Verfassungslehre, S. 271 ff. und *Merkl*, Demokratie und Verwaltung, 1923, S. 16.

[93] Dazu insbes. die Berichte von *Walter* und *Schmitt* Glaeser, in: VVdStRL 31 (1973), S. 147 ff. sowie *Oberndorfer*, DVBl 72, 529 ff. und *Dagtoglou*, DÖV 72, 712 ff.

[94] Siehe dazu zuletzt: *Mayntz*, Das Demokratisierungspotential der Beteiligung Betroffener an öffentlicher Planung, in: Demokratisierung und Funktionsfähigkeit der Verwaltung, 1974, S. 50 ff.; *dies.*, Funktionen der Beteiligung bei öffentlicher Planung, in: Demokratie und Verwaltung, 25 Jahre Hochschule für Verwaltungswissenschaften Speyer, 1972, S. 341 ff.; *Dienel*, Partizipation an Planungsprozessen als Aufgabe der Verwaltung, in: Die Verwaltung, 1971, S. 151 ff.; *Blümel*, Festschrift für Forsthoff, 1972, S. 9 ff.; *E. Kube*, DÖV 72, 118; vgl. auch *Mannheim*, Mensch und Gesellschaft im Zeitalter des Umbaus, 1935, S. 394 ff.

[95] Zu den denkbaren Formen der Partizipation siehe *Walter* (VVdStRL 31 — 1973 — S. 153 f. mit FN 18) und *Schmitt Glaeser* (ebenda, S. 184 ff.).

[96] Siehe dazu insbes. *König*, Verwaltungsreform und Demokratie, Diskussion, in: Demokratie und Verwaltung, S. 288 f. *Walter* (VVdStRL 31 — 1973 — S. 154) unterscheidet zwischen „unmittelbarer" und „mittelbarer" Partizipation.

[97] Das Problem „organschaftlicher Partizipation" (*Schmitt Glaeser*, VVdStRL 31 — 1973 — S. 190 f.), also der Teilnahme staatlicher Organe an staatlicher Willensbildung, wird hier ausgeklammert.

[98] Ebenso *Dagtoglou* (DVBl 72, 713) und *Schmitt Glaeser* (VVdStRL 31 — 1973 — S. 192). *Walter* (VVdStRL 31 — 1973 — S. 154) rechnet diese Form der „Mitwirkung" zur mittelbaren Partizipation. Dagegen mit Recht *Maurer*, VVdStRL 31 (1973), S. 294 (Diskussion).

Das Grundgesetz[99] verwendet den Begriff der Partizipation nicht. Immerhin spricht es an verschiedenen Stellen (vgl. etwa: Art. 6 Abs. 3; Art. 7 Abs. 3 Satz 3; Art. 16 Abs. 1 Satz 2 GG) die Mitwirkung einzelner als „negative Voraussetzungen für bestimmte staatliche Agenden" an[100]. Diese Vorschriften können zwar als Belege dafür angeführt werden, daß die „Partizipation als Element politischer Ordnungsstruktur dem Grundgesetz jedenfalls nicht fremd" ist[101]. Als Begründung dafür, daß im Grundgesetz die Idee der Partizipation der Betroffenen an der Willensbildung des Staates in den sie betreffenden Angelegenheiten verfassungsrechtlich selbstständig abgesichert sei, können sie jedoch nicht herangezogen werden. *Merten*[102] hat mit Recht darauf hingewiesen, daß in diesen Bestimmungen ausschließlich die (in der liberalistischen Grundrechtsdogmatik angelegten) Freiheit des Gewaltunterworfenen vor staatlichem Zwang gewährleistet, nicht aber das Problem der Teilnahme des Betroffenen an der Ausübung von Herrschaft durch Teilnahme am Willensbildungsprozeß des Staates garantiert ist[103]. Partizipation ist nach alledem kein verfassungsrechtlicher, sondern ein heuristischer Begriff[104] ohne selbständigen normativen Gehalt[105]. Mit der Idee der Partizipation lassen sich Mitwirkungsrechte einzelner oder sozialer Gruppen an der Willensbildung nicht *legitimieren*, sondern allenfalls Beteiligungsformen *beschreiben*, die sich aus den Grundentscheidungen der Verfassung für einen demokratischen[106] und sozialen[107] (Grund-)[108] Rechtsstaat[109] ergeben und deren Intentionen verwirklichen[110]. Die von *Schmitt Glaeser*[111]

---

[99] Zu den Regelungen in den Länderverfassungen vgl. *Schmitt Glaeser*, VVdStRL 31 (1973), S. 183, FN 15.

[100] *Schmitt Glaeser*, VVdStRL 31 (1973), S. 183. *Schmitt Glaeser* führt daneben noch die Art. 103 Abs. 1, 91 a, b GG an.

[101] *Schmitt Glaeser*, VVdStRL 31 (1973), S. 183.

[102] VVdStRL 31 (1973), S. 277 (Diskussion).

[103] Vgl. dazu auch *Bettermann* (VVdStRL 31 — 1973 — S. 275) und *Kisker* (ebenda, S. 276 f.).

[104] *Schmitt Glaeser*, VVdStRL 31 (1973), S. 180.

[105] Ebenso *Oberndorfer*, DÖV 72, 529. *Ossenbühl* (50. DJT, Bd. I Teil B, S. 119) spricht der Partizipation gar die Qualität eines Begriffs ab.

[106] Zum demokratischen Aspekt der Partizipation siehe *Schmitt Glaeser*, VVdStRL 31 (1973), S. 209 ff., insbes. S. 221 f.

[107] Zur Partizipation als Ausfluß des Sozialstaatsprinzips siehe *Schmitt Glaeser*, VVdStRL 31 (1973), S. 252 ff.

[108] Partizipation als Grundrechtsgebot einerseits und Partizipationsverbote kraft Grundrechtsgeltung andererseits behandelt *Schmitt Glaeser*, VVdStRL 31 (1973), S. 222 ff. Aus dem Gebot der Achtung der Menschenwürde im Zusammenhang mit dem Demokratisierungsprinzip leitet *Schmitt Glaeser* (ebd., S. 224 f.) eine verfassungsrechtlich gebotene demokratische Minimalpartizipation her.

[109] Zu Rechtsstaat und Partizipation siehe *Schmitt Glaeser*, VVdStRL 31 (1973), S. 240 ff.

[110] Die Tendenz der Partizipation, Demokratie zu verwirklichen, wird angesprochen von *Walter* (VVdStRL 31 — 1973 — S. 150 f.) und *Schmitt Glaeser*

erarbeiteten „Partizipationsmodelle" haben damit keine Legitimationsfunktion. Ihr Wert liegt darin, daß sie eine vielseitige und detaillierte Zusammenstellung der unter der Herrschaft des Grundgesetzes gebotenen und zulässigen Formen der Mitwirkung an staatlicher Willensbildung, also eine Beschreibung der „Möglichkeiten und Grenzen" verfassungsrechtlicher Partizipation[112] geben.

(3) Die Grundrechte

(a) Eine *„demokratische Interpretation"*[113] hat die liberalistische Grundrechtsdogmatik, nach der sich die Funktion der Grundrechte in der Abwehr staatlichen Einflusses auf den gesellschaftlichen Bereich und damit in der Sicherung eines Freiheitsraumes für den einzelnen erschöpft hatte[114], abgelöst. Neben mannigfachen Konsequenzen für den Begriff der grundrechtlichen Normen[115] bringt diese neue Sicht der Grundrechte eine Ergänzung ihrer Funktion mit sich: An die Seite ihrer überkommenen Aufgabe, den Wirkungskreis des demokratisch legitimierten Staatswillens zu beschränken, tritt eine Komponente, die auf die Teilhabe des Bürgers an der politischen Willensbildung des Staates gerichtet ist[116].

(b) Bei der *verfassungsrechtlichen Kritik* dieser neuen Grundrechtsdogmatik ist von dem Verhältnis zwischen dem Demokratieprinzip und den grundrechtlichen Normen nach dem Grundgesetz auszugehen. Das demokratische Prinzip betrifft die Willensbildung des Staates[117]. Die Grundrechte regeln dagegen grundsätzlich den Prozeß der Willensbildung des Volkes. Der „Wirkungskreis der Grundrechtsausübung nach Art. 5, (8) oder 9 GG" — und auch der Vorschrift des Art. 21 Abs. 1 Satz 1 GG — ist jedoch die *Volks*-, „nicht die *Staats*willensbildung"[118].

Ebenso wie eine hermetische Trennung der Willensbildung des Volkes von der Staatswillensbildung nicht vorgenommen werden kann[119], ist eine strikte Beschränkung der Relevanz der Grundrechte für die gesellschaftliche Sphäre nicht haltbar. Die grundrechtliche Rückendeckung

(VVdStRL 31 — 1973 — S. 226). Letzterer weist jedoch mit Recht darauf hin, daß Partizipation „nicht nur ein demokratisches Phänomen" ist (ebd., S. 190).

111 VVdStRL 31 (1973), S. 209 ff.

112 *Schmitt Glaeser*, VVdStRL 31 (1973), S. 209.

113 *Häberle*, VVdStRL 30 (1972), S. 112 f.; *ders.*, DÖV 72, 729 ff., BVerfGE 33, 303 ff.

114 Siehe dazu *H. H. Klein*, Grundrechte, S. 60 f.

115 Siehe dazu die Zusammenstellung bei *H. H. Klein*, Grundrechte, S. 13 ff.

116 *H. H. Klein*, Grundrechte, S. 32.

117 Siehe dazu oben, 1. Kap. Abschn. A I 1.

118 *Schmitt Glaeser*, VVdStRL 31 (1973), S. 222. Vgl. auch *dens.*, AöR 97 (1972), S. 108 ff. und BVerfGE 8, 112 f.; 20, 98 ff.

119 Zu den Verschränkungen zwischen Volks- und Staatswillensbildung siehe oben, S. 84 f.

des demokratischen Prinzips durch Anreicherung der grundrechtlichen Gewährleistungen mit einer demokratischen Komponente ist im demokratischen (Grund-)Rechtsstaat vielmehr verfassungsrechtlich geboten: Der demokratische Willensbildungsprozeß des Staates kann nur funktionieren, wenn im gesellschaftlichen Bereich die Voraussetzungen für eine freie und gleichberechtigte Bildung des politischen Willens des Volkes gegeben sind. Den politischen Grundrechten der Art. 5, 8 und 9 GG kommt damit auch eine Garantiefunktion für die Verwirklichung und Bewahrung der demokratischen Willensbildung des Staates zu.

(c) *Für die verfassungsrechtliche Grundlegung der Beteiligung von Interessenverbänden an der Willensbildung des Staates* folgt aus dieser dienenden Funktion der politischen Grundrechte gegenüber dem demokratischen Prinzip, daß diese in ihrer demokratischen Komponente dem einzelnen und den ihn repräsentierenden Gruppen das Recht der Mitwirkung an der staatlichen Willensbildung in den sie betreffenden Fragen in einem Maße verleihen, das zur Verwirklichung der demokratischen Idee beiträgt. Der Umfang dieser Teilhaberechte ergibt sich aus dem demokratischen Prinzip selbst.

(4) Das demokratische Prinzip

(a) Der demokratische Grundsatz der Volkssouveränität ist durch *die Maßgeblichkeit des ungeteilten Willens des Gesamtvolkes für die Staatswillensbildung* inhaltlich bestimmt. Formal wird die demokratische Legitimation politischer Herrschaft durch periodische Volkswahlen zu den Volksvertretungen, die Einsetzung aller Amtswalter durch volksgewählte Organe und die Bindung von Exekutive und Judikative an demokratisch zustandegekommene Gesetze lückenlos gewährleistet. Materiell ist die demokratische Legitimation der Staatstätigkeit dagegen nur unvollkommen durchgeführt: Die Einflußmöglichkeiten des Volkes auf die Staatswillensbildung sind zwischen Wahlen gering. Die Übertragung der Staatsgewalt auf organisatorisch selbständige Staatsorgane schafft Räume (zumindest relativ) autonomer Willensbildung und schmälert damit die Maßgeblichkeit des Volkswillens.

(b) *Eine Kompensation für die Schwächung der materiellen demokratischen Legitimation* ist nur durch den Einbau von Mechanismen in den Prozeß der staatlichen Willensbildung erreichbar, welche die Durchsetzung des artikulierten Willens des Gesamtvolkes und darüber hinaus eine Verbreiterung der Legitimationsbasis für die Staatstätigkeit gewährleisten. In der parlamentarischen Demokratie wird die Rückkopplung der politischen Herrschaft an den Willen des Volkes durch das Prinzip der parlamentarischen Kontrolle und Verantwortlichkeit der Exekutive, verbunden mit einem hierarchischen Verwaltungsaufbau, herbeigeführt. Die materielle demokratische Legitimation der Staatstätigkeit kann durch die Offenheit der Verfassungsordnung für verschiedene Formen der Beteiligung der Betroffenen (einzelne oder soziale Gruppen) am Prozeß der Willensbildung des Staates gestärkt werden.

(c) Das Grundgesetz sieht hierfür den *Grundsatz der Selbstverwaltung* vor (Art. 28 Abs. 2). Begrifflich ist unter Selbstverwaltung die Beteiligung der Betroffenen an der Erledigung von Staatsaufgaben durch nachgeordnete, nichtstaatliche Hoheitsträger zu verstehen[120]. Mit der Anerkennung dieser Idee als Verfassungsprinzip erteilt es der unitarischen, zentralistischen Demokratie eine Absage. Unter Durchbrechung des demokratischen Grundsatzes, daß jede staatliche Willensäußerung auf einen Willensbildungsakt des Gesamtvolkes rückführbar sein muß[121], erhalten der einzelne und die soziale Gruppe die Möglichkeit, über die Mitwirkung in den Angelegenheiten des Gesamtvolkes hinaus auch als lokal[122] oder in einer bestimmten Funktion[123] Betroffene mitzuentscheiden. Das Grundgesetz läßt damit eine gestufte, gegliederte Demokratie zu[124] und nimmt in Kauf, daß die Willensbildung auf verschiedenen Ebenen der Staatsorganisation gegeneinander gerichtet sein kann[125]. Es obliegt der Verfassungsordnung, in diesen Fällen die Prävalenz zu bestimmen[126].

Die Grenzen der Selbstverwaltung in der Demokratie werden durch das Verhältnis zwischen Demokratie und Selbstverwaltung bestimmt[127].

---

[120] Zum Begriff der Selbstverwaltung siehe: *Widtmann* und *Schick*, Art. Selbstverwaltung, in: EvStL, Sp. 2291 ff.; *Obermayer*, Mitbestimmung, S. 27 f.; *Leibholz*, DVBl 73, 715.

[121] Eine Durchbrechung dieses Prinzips leugnet *Schmitt*, Verfassungslehre, S. 273. Wie hier *Forsthoff* (Verwaltungsrecht Bd. I, S. 499, 501) und *Mayer* (Selbstverwaltung, S. 333), der zwar die „Mehrschichtigkeit staatlicher Gewalt" in „horizontaler und vertikaler Gliederung" anerkennt, davon die Einheit aller Staatsgewalt jedoch nicht berührt sieht.

[122] Zum Begriff der territorialen Selbstverwaltung siehe zuletzt *Obermayer*, Mitbestimmung, S. 28.

[123] Zur funktionalen Selbstverwaltung siehe *Obermayer*, Mitbestimmung, S. 28.

[124] *Püttner*, Mitbestimmung, S. 49 ff.; *Obermayer*, Mitbestimmung, S. 27.

[125] In diese Fällen kann „Volkswille gegen Volkswille" stehen (*Püttner*, Mitbestimmung, S. 50).

[126] *Püttner*, Mitbestimmung, S. 50. Siehe etwa Art. 31, 28 Abs. 2, 70 ff. und 82 ff. GG.

[127] Das Verhältnis zwischen Demokratie und Selbstverwaltung ist noch nicht hinreichend geklärt (siehe dazu zuletzt *F. Mayer*, Selbstverwaltung, S. 327 ff.; *H. H. Klein*, Demokratie und Selbstverwaltung, in: Festschrift für Forsthoff, 1972, S. 165 ff.; *Obermayer*, Mitbestimmung, S. 28). Das Prinzip der Selbstverwaltung wird zum Teil als ein der Demokratie immanenter Begriff (*Maunz*, in: Maunz/Dürig/Herzog, Rdnr. 42 zu Art. 20; *Fichtmüller*, AöR 91 — 1966 — S. 334; *von Mangoldt/Klein*, Bd. I, S. 594), wenigstens aber als eine mit der Demokratie zu vereinbarende Idee angesehen (*Stern*, Bonner Kommentar, Rdnr. 46 zu Art. 28; *Herzfeld*, Demokratie und Selbstverwaltung in der Weimarer Epoche, 1957; *Henrichs*, DVBl 54, 736; *Becker*, Art. kommunale Selbstverwaltung, in: Die Grundrechte Bd. IV/2, S. 686 ff.; *Badura*, VVdStRL 29 — 1971 — S. 97 f. — Diskussion). Zum Teil wird ein Zusammenhang zwischen

Als einem Instrument zur Stärkung der materiellen demokratischen Legitimation der Staatstätigkeit kommt dem Prinzip der Selbstverwaltung eine dienende Funktion gegenüber dem demokratischen Prinzip zu[128]. Selbstverwaltung ist damit zulässig, sofern deren rechtliche Ordnung nicht gegen Prinzipien verstößt, die für die Demokratie konstitutiv sind[129]. Unter der Geltung des demokratischen Prinzips des Grundgesetzes bestehen gegen die Einrichtung von Selbstverwaltungskörperschaften keine Bedenken, wenn dies durch einen legislativen Akt zur Regelung der die Selbstverwaltungskörperschaft gleichberechtigt an der Willensbildung beteiligt sind und die Körperschaft unter staatlicher Aufsicht steht[130].

(d) Der verfassungsrechtlichen *Grundlegung der Beteiligung von Interessenverbänden an der Willensbildung des Staates* ist durch die Darstellung der Voraussetzungen zulässiger Selbstverwaltung in der Demokratie die Richtung gewiesen: Die Geltung des demokratischen Prinzips schließt eine Mitwirkung der Betroffenen an der Willensbildung des Staates nicht aus. Die verfassungsrechtliche Garantie der Selbstverwaltung beweist vielmehr, daß das Grundgesetz jedenfalls für eine Beteiligung der Betroffenen an der Willensbildung von Subsystemen, die im Rahmen der mittelbaren Staatsverwaltung gebildet sind, offen ist, sofern dies der Stärkung der materiellen demokratischen Legitimation der Staatstätigkeit dient. Unter den gleichen Voraussetzungen gilt dies für die Beteiligung der Betroffenen (einzelne oder soziale Gruppen) an der Willensbildung der Staatsorgane selbst.

d) Die verfassungsrechtlichen Grenzen der Mitwirkung von Interessenverbänden an der Willensbildung des Staates

(1) Das demokratische Prinzip

Der Mitwirkung von Interessenverbänden an der Willensbildung des Staates sind durch die demokratischen Grundsätze der formalen und materiellen politischen Gleichheit und der Volkssouveränität Grenzen gesetzt.

Politische Gleichheit ist nur verwirklicht, wo allen Staatsbürgern — unabhängig von Stand oder Funktion — das gleiche Gewicht bei der Willensbildung in Volk und Staat eingeräumt ist. Der politische Ein-

---

Demokratie und Selbstverwaltung geleugnet (*Forsthoff*, Verwaltungsrecht Bd. I, S. 501). In der Weimarer Zeit ist sogar die Unvereinbarkeit dieser Prinzipien behauptet worden (siehe dazu die Nachweise bei *von Unruh*, DÖV 72, 18).

[128] *Püttner*, Mitbestimmung, S. 55; *Obermayer*, Mitbestimmung, S. 28. Vgl. auch Art. 11 Abs. 4 BV.

[129] *Obermayer*, Mitbestimmung, S. 28.

[130] *Obermayer*, Mitbestimmung, S. 29. Zum Problem der Staatsaufsicht über Selbstverwaltungskörperschaften siehe insbesondere *Salzwedel*, VVdStRL 22 (1965), S. 206 ff.

fluß der Angehörigen von Standes- oder Berufsgruppierungen darf deshalb nicht dadurch potenziert werden, daß diesen, neben dem allgemeinen, aus der Zugehörigkeit zum Staatsverband resultierenden Beteiligungsrecht, Privilegien durch qualifizierte Mitentscheidungsrechte ihres Interessenverbandes bei der Staatswillensbildung eingeräumt werden. Damit würden dem demokratischen Prinzip entgegengesetzte, ständestaatliche Elemente die Oberhand gewinnen[131].

Die innere Souveränität des Volkes ist nur gewährleistet, wenn die Maßgeblichkeit des Willens des Gesamtvolkes durch das Letztentscheidungsrecht der demokratisch legitimierten Amtswalter garantiert ist.

Die Überwältigung des Willens des Gesamtvolkes durch einen entgegengesetzten Willen der Betroffenen ist mit dem Demokratieprinzip unvereinbar[132]. Den Interessenverbänden dürfen danach bei der staatlichen Willensbildung nur solche Beteiligungsrechte[133] eingeräumt werden, die diesen demokratischen Postulaten Rechnung tragen. Neben der selbständigen Erledigung von Staatsaufgaben unter den für die Selbstverwaltung aufgestellten Bedingungen ist die Mitwirkung an der staatlichen Willensbildung in Form eines institutionellen oder verfahrensmäßigen Mitberatungsrechts oder eines unterparitätischen Mitentscheidungsrechts zulässig.

(2) Das Prinzip der parlamentarischen Kontrolle und Verantwortlichkeit der Regierung

Nach dem Grundsatz der parlamentarischen Kontrolle und Verantwortlichkeit der Regierung[134] steht dem Parlament das Recht der Einsetzung der Regierung und der Kontrolle der Verwaltungstätigkeit zu. Dieser Befugnis des Parlaments korrespondiert die Verpflichtung der Regierung, für die Recht- und Zweckmäßigkeit der Staatstätigkeit einzustehen. Die Erfüllung dieser Aufgabe setzt voraus, daß die Regierung

---

[131] Die Vorstellung einer ständisch ausgerichteten „Verbändedemokratie" ist mit dem demokratischen Prinzip nicht vereinbar. Die Beteiligung einer ständisch besetzten zweiten Kammer an der Gesetzgebung ist deshalb verfassungsrechtlich nicht unbedenklich. Zur Problematik des Bayerischen Senats siehe *Schweiger*, in: Nawiasky/Leusser/Schweiger/Zacher, Rdnr. 2 zu Art. 34.

[132] Diese Gefahr übersehen die Verfechter einer falsch verstandenen „Demokratisierung" der Verwaltung. Demokratie fordert die Maßgeblichkeit des in den Volkswahlen ermittelten Willens des Gesamtvolkes, nicht dagegen die Bindung der Staatsorgane an die Zustimmung der für sie handelnden Amtswalter oder der durch die Staatstätigkeit betroffenen Bürger. Demokratisierung der Verwaltung kann damit nur bedeuten, „den (sich in den gewählten Repräsentativkörperschaften manifestierenden) Volkswillen so nachhaltig wie möglich in der Exekutive zu berücksichtigen und durchzusetzen" (*Obermayer*, Mitbestimmung, S. 25 und BayVBl 71, 209). Vgl. auch *Püttner*, Mitbestimmung, S. 56.

[133] Zu den möglichen Formen der Teilhabe siehe die Zusammenstellung bei *Walter*, VVdStRL 31 (1973), S. 151 ff.

[134] Siehe dazu auch oben, 1. Kap., Anm. 85.

„an der Spitze eines durchgängig hierarchischen Verwaltungsapparates steht, der durch ein Weisungsrecht aller höherrangigen Organe gegenüber den nachgeordneten und durch eine Verantwortlichkeit aller nachgeordneten Organe gegenüber den höherrangigen gekennzeichnet ist“[135].

Das Prinzip der parlamentarischen Kontrolle und Verantwortlichkeit der Regierung hat in der gewaltenteiligen, parlamentarischen Demokratie die Funktion, die Durchsetzung des demokratisch legitimierten Staatswillens zu gewährleisten. Die Herrschaft dieses Grundsatzes gilt jedoch nicht ausnahmslos. Denn auch die Verfassungsordnung der parlamentarischen Demokratie läßt nach richtiger Ansicht aus dem hierarchischen System ausgegliederte, „ministerialfreie Räume“ zu[136]. Neben den aus der Natur der Sache heraus von der Regierungsverantwortung ausgenommenen Eigenverwaltungen selbständiger Verfassungsorgane (z. B. der Parlamente, des Bundesrats und des Bundesverfassungsgerichts) sind autonome Verwaltungseinheiten zulässig, wenn diesen „Aufgaben übertragen sind, deren Wahrnehmung eine besondere, in der öffentlichen Verwaltung üblicherweise nicht vorhandene Sachkunde verlangt“ und deren Einrichtung durch förmliches Gesetz angeordnet ist[137].

Die Mitwirkung von Interessenverbänden an der Willensbildung des Staates (hier der Verwaltung) ist danach — von der Tätigkeit innerhalb ministerialfreier Räume abgesehen — nur in einem Maße zulässig, das die parlamentarische Kontrolle der Verwaltungstätigkeit nicht unmöglich macht und die Verantwortlichkeit der Regierung für die Tätigkeit der nachgeordneten Behörden erhält. Dies ist nur bei Formen der Beteiligung gewährleistet, die das Letztentscheidungsrecht und damit die Leitungsbefugnisse beim demokratisch legitimierten staatlichen Willensbildungsorgan belassen. Damit läßt das Prinzip der parlamentarischen Kontrolle und der Verantwortlichkeit der Regierung als ein der Verwirklichung der Demokratie dienender Grundsatz Mitwirkungsrechte

---

[135] *Obermayer*, Mitbestimmung, S. 31. Zum Grundsatz der Hierarchie siehe: *Herb. Krüger*, Allg. Staatslehre, S. 117 ff.; *Herzog*, Allg. Staatslehre, S. 189 ff.; *Thieme*, Verwaltungslehre, S. 338 ff.; *Püttner*, Mitbestimmung, S. 66.

[136] Das Problem der Zulässigkeit ministerialfreier Räume ist auch nach der Monographie von E. Klein (Die verfassungsrechtliche Problematik des ministerialfreien Raumes, 1974) noch nicht gelöst. Einen Überblick über den Meinungsstand gibt *Obermayer*, Mitbestimmung, S. 32. Grundlegend für die neuere Diskussion war *Loening*, DVBl 54, 173 ff. Siehe hierzu v. a.: *Fichtmüller*, AöR 91 (1966), S. 197 ff.; *Ossenbühl*, Verwaltungsvorschriften und Grundgesetz, 1968, S. 442 ff.; *dens.*, VVdStRL 29 (1971), S. 160 (Anm. 100); *Dahlgrün*, Parlamentarische Kontrolle und autonome Verwaltungsbereiche, in: Demokratie und Verwaltung, 25 Jahre Hochschule für Verwaltungswissenschaften Speyer, 1972, S. 317 ff.; BVerfG, DVBl 68, 177 (mit Anm. *Seebode*) im Anschluß an BVerfGE 9, 282.

[137] *Obermayer*, Mitbestimmung, S. 33. Die Institute der Selbstverwaltung und des ministerialfreien Raumes sind damit in Voraussetzung und Funktion verwandt. Diese beiden Begriffe bezeichnen verschiedene Aspekte desselben Phänomens.

an der staatlichen Willensbildung in demselben Umfang zu, wie das demokratische Prinzip.

C. Die Stellung der Interessenverbände in der Verfassungswirklichkeit

I. Die Mitwirkung der Interessenverbände am Prozeß der politischen Willensbildung des Volkes

1. Die Beteiligung an der Meinungsbildung[138]

a) Die Interessenverbände stellen *interessenspezifische Kristallisationspunkte* von Gruppenmeinungen dar und üben damit die ihnen kraft Verfassungsrechts zukommende Funktion bei der politischen Meinungsbildung des Volkes[139] aus. Als Quelle von Sachinformationen motivieren sie die Betroffenen zur Durchsetzung ihrer Interessen und verschaffen dem in bestimmten Interessen angesprochenen Bürger die Grundlage für seine Meinungsbildung. Als Diskussionsforum bieten sie die Möglichkeit, die vielfältigen Einzelmeinungen zu einer einheitlichen Gruppenmeinung zu konsolidieren.

b) Zur Durchsetzung der von ihnen vertretenen Gruppeninteressen nehmen die Interessenverbände *Einfluß auf die Bildung der öffentlichen Meinung*. Als Medium zwischen den vielfältigen unartikulierten privaten Meinungen und dem nach Verwirklichung strebenden politischen Willen des Gesamtvolkes ist die öffentliche Meinung das erste wichtige Aktionsziel der Interessenverbände. Diese sind auf vielfältige Weise bestrebt, den von ihnen repräsentierten Teilinteressen im Prozeß der Bildung der öffentlichen Meinung Gehör zu verschaffen. Die Interessenverbände bedienen sich hierzu Methoden, die darauf angelegt sind, die Unterstützung der Verbandsziele durch weitere Kreise der Bevölkerung zu erlangen. Durch die Organisierung von Protestaktionen (Sternfahrten, Kundgebungen, politische Happenings), die ständige Artikulation der Verbandsmeinung in Verbandspublikationen und eine aktive Medienpolitik (Versorgung von Presse, Rundfunk und Fernsehen mit Informationen über Ansichten und Ziele des Verbandes) soll erreicht werden, daß die Meinung einer sozialen Gruppe zur öffentlichen Meinung wird.

[138] Zum Unterschied zwischen Willensbildung und Meinungsbildung siehe oben, Abschn. B II 1 a.

[139] Siehe dazu oben, Abschn. B II.

2. Die Mitwirkung bei der Willensbildung

a) *Der Einfluß der Interessenverbände auf die politischen Parteien*

(1) *Das Verhältnis zwischen Interessenverbänden und politischen Parteien* ist symbiotischer Natur: Die Parteien sind bei der Verwirklichung ihrer politischen Absichten auf die Unterstützung der Interessenverbände angewiesen. Sie werben um die Stimmen der Verbandsmitglieder und versuchen, sich die Sachkunde der Funktionäre nutzbar zu machen[140]. Den Interessenverbänden bieten sich die politischen Parteien angesichts ihrer beherrschenden Rolle bei der Willensbildung des Volkes als die geeignetsten Adressaten ihres Einflusses an. Sie versuchen deshalb, ihren Vorstellungen durch Beeinflussung von Personalstruktur und Programmatik der Parteien politische Relevanz zu verleihen.

(2) *Die Einflußnahme auf die Personalstruktur der Parteien* erfolgt in zweifacher Hinsicht. Zum einen versucht jeder Verband von sozialem Gewicht, eine möglichst große Anzahl von eigenen Funktionären oder nahestehender Vertrauensleute in die Führungsgremien der Parteien zu lancieren. Die damit angestrebte Personalunion von Verbands- und Parteifunktion[141] soll die Aussicht vergrößern, daß die vom Verband repräsentierten Interessen bei der Willensbildung der politischen Partei Berücksichtigung finden. Zum anderen trachten die Interessenverbände danach, Einfluß auf die Kandidatenwahl zu gewinnen[142]. Nur mächtige und parteipolitisch festgelegte Verbände werden die Benennung eigener Kandidaten erreichen. Die übrigen müssen sich darauf beschränken, für die Normierung von verbandsnahen Bewerbern (Sympathisanten) einzutreten. Als Druckmittel dient ihnen die — je nach Größe und Disziplin des Verbandes mehr oder weniger effektive — Drohung mit dem Entzug von Wählerstimmen.

(3) *Der unmittelbaren Durchsetzung von Verbandsinteressen dient die Einflußnahme auf die Programme der politischen Parteien.* Die Infiltration der Parteien durch Verbandsfunktionäre hat nicht notwendig programmatische Auswirkungen. Die Interessenverbände suchen deshalb die direkte Mitbestimmung über die politischen Zielvorstellungen der Parteien. Ihr Ansatzpunkt ist das Streben der Parteien nach Wahlerfolg. Die Verbände bieten materielle Unterstützung zur Finanzierung der

---

[140] Zum entgegengesetzten Phänomen, der Einflußnahme von Parteien auf die Interessenverbände, siehe *Varain*, Parteien und Verbände, S. 116 ff.

[141] Das Entstehen von Personalunionen durch Streben der Parteien nach personeller Durchdringung der Verbände beschreibt *Varain* (Parteien und Verbände) anhand der Gründung des Vertriebenenverbandes von Schleswig-Holstein.

[142] Hierzu ausführlich *Varain*, Parteien und Verbände, S. 148 ff. Zur Lage im Ausland siehe *von Beyme*, Interessengruppen, S. 144 ff.

Wahlkampfkosten[143], auf die die Parteien trotz teilweiser staatlicher Parteienfinanzierung[144] nach wie vor angewiesen sind. Daneben sagen sie ideelle Wahlhilfe zu, die von der bloßen Aufforderung zur Wahlteilnahme bis zur offenen Unterstützung eines Kandidaten oder einer Partei durch konkrete Wahlempfehlungen reicht[145].

b) Die Beteiligung der Interessenverbände an der Willensbildung gesellschaftlicher Selbstverwaltungseinrichtungen

(1) *Der verfassungsrechtliche Grundsatz der Tarifautonomie* (Art. 9 Abs. 3 GG) garantiert einen von materieller staatlicher Rechtsetzung freigelassenen Raum[146] gesellschaftlicher Eigenverantwortung[147]. Den Koalitionen als verfassungsrechtlich verankerten Sonderformen der Interessenverbände kommt dabei die Stellung von sozialen Selbstverwaltungsorganen[148] zu, die das Arbeitsleben im Rahmen staatlicher Organisationsnormen[149] durch den Abschluß von Tarifverträgen autonom regeln.

(2) *Die Verfassung der wirtschaftlichen Unternehmen*[150] in der Bundesrepublik Deutschland gewährt den Arbeitnehmervereinigungen bedeutenden Einfluß auf die Zusammensetzung der Willensbildungsorgane der Unternehmen.

Das Gesetz über die Mitbestimmung der Arbeitnehmer in den Aufsichtsräten und Vorständen der Unternehmen des Bergbaus und der Eisen und Stahl erzeugenden Industrie (Mitbestimmungsgesetz) vom 21. Mai 1951[151] verpflichtet die Betriebsräte, ihre Vorschläge für die Wahl der Arbeitnehmervertreter in den Aufsichtsrat zuvor mit den in den Betrieben des Unternehmens vertretenen Gewerkschaften und deren Spitzenorganisationen zu beraten[152].

---

[143] Siehe dazu *von Beyme*, Interessengruppen, S. 137 ff. und *Varain*, Parteien und Verbände, S. 192 ff. insbes. S. 206 ff.

[144] §§ 18 ff. PartG.

[145] Die Abstufungen der Wahlunterstützung stellt *Varain* (Parteien und Verbände, S. 135 ff.) dar. *H. H. Klein* (DÖV 67, 615 ff.) setzt sich mit der verfassungsrechtlichen Problematik der Beeinflussung der politischen Wahlen durch die Verbände auseinander. Vgl. auch *von Beyme*, Interessengruppen, S. 142 ff.

[146] BVerfGE 18, 28.

[147] *Maunz*, in: Maunz/Dürig/Herzog, Rdnr. 91 f. zu Art. 9.

[148] Zur „sozialen Selbstverwaltung" als juristisches Zuständigkeitssystem und ihrem — hier nicht weiter zu vertiefenden — Unterschied zum Begriff der „gesellschaftlichen Selbstverwaltung" i. S. *Salzwedels* (VVdStRL 22 — 1965 — S. 223 f.) siehe *Scholz*, Koalitionsfreiheit, S. 159.

[149] *Maunz*, in: Maunz/Dürig/Herzog, Rdnr. 127.

[150] Auch die Unternehmersverfassung kann als besondere Ausformung des allgemeinen Prinzips gesellschaftlicher Selbstverwaltung betrachtet werden.

[151] BGBl I S. 347; zuletzt geändert durch Gesetz vom 6. 9. 1965 (BGBl I S. 1185).

[152] § 6 Abs. 1 Satz 2 in Verb. mit § 4 Abs. 1 Buchst. b MitbestG.

Diesen steht unter bestimmten Voraussetzungen ein Einspruchsrecht gegen die zur Wahl vorgeschlagenen Kandidaten der Arbeitnehmerseite zu[153]. Darüber hinaus haben die Spitzenorganisationen das Recht, nach vorheriger Beratung mit den im Betrieb vertretenen Gewerkschaften und den Betriebsräten, zwei der Arbeitnehmervertreter für das Wahlorgan bindend vorzuschlagen[154].

Da nach § 13 Abs. 1 Mitbestimmungsgesetz der als gleichberechtigtes Mitglied in den Vorstand zu entsendende Arbeitsdirektor nicht gegen die Stimmen der Mehrheit der unter Mitwirkung von Gewerkschaften und Spitzenorganisationen gewählten Aufsichtsratsmitglieder bestellt werden darf, haben die Arbeitnehmervereinigungen auch Einfluß auf die Zusammensetzung des Vorstandes.

(3) *Das Recht der Betriebsverfassung und der Personalvertretung* beteiligt die Koalitionen an der Wahl und der Willensbildung der Vertretungskörperschaften der Arbeitnehmer und Beamten. Das Betriebsverfassungsgesetz vom 15. Januar 1972[155] gewährt den im Betrieb vertretenen Gewerkschaften im Verfahren der Wahl des Betriebsrates eine Fülle von Initiativrechten[156]. Unter bestimmten Voraussetzungen können Beauftragte einer im Betriebsrat vertretenen Gewerkschaft beratend an den Sitzungen des Betriebsrats und der im Betrieb vertretenen Gewerkschaften an den Betriebsversammlungen teilnehmen[157]; der Arbeitgeber kann einen Vertreter der Vereinigung der Arbeitgeber, der er angehört, hinzuziehen[158]. Die Personalvertretungsgesetze des Bundes und der Länder[159] enthalten entsprechende Vorschriften[160].

(4) Das Gesetz über die Selbstverwaltung auf dem Gebiet der *Sozialversicherung* (Selbstverwaltungsgesetz) vom 22. Februar 1951[161] gewährt

---

[153] § 6 Abs. 2 Sätze 2 und 3 MitbestG.

[154] § 6 Abs. 3, 4 und 5 in Verb. mit § 4 Abs. 1 Buchst. b MitbestG. Vgl. auch die Bestimmung des § 7 des Gesetzes zur Ergänzung des MitbestG („Holding-Novelle") vom 7. 8. 1956 (BGBl I S. 707), zuletzt geändert durch Gesetz vom 27. 4. 1967 (BGBl I S. 505). Nach § 98 Abs. 2 Nr. 7 AktG können Spitzenorganisationen der Gewerkschaften, denen nach den gesetzlichen Vorschriften ein Vorschlags- oder Entsendungsrecht zusteht, gerichtliche Entscheidung beantragen, wenn die Anwendung dieser Vorschriften streitig oder ungewiß ist.

[155] BGBl I S. 13.

[156] § 14 Abs. 7, § 17 Abs. 2 und 3, § 18 Abs. 2 und 3, § 23 BetrVerfG. Vgl. auch § 43 Abs. 4 BetrVerfG.

[157] § 31, 46 Abs. 1 BetrVerfG.

[158] 29 Abs. 4, § 46 Abs. 1 BetrVerfG.

[159] PersVertrG vom 15. 3. 1974 (BGBl I S. 693); aus dem Landesrecht siehe etwa das BayPVG vom 29. 4. 1974 (GVBl S. 157, ber. S. 272).

[160] Art. 19 Abs. 4 BayPVG gewährt den in der Dienststelle vertretenen Gewerkschaften ein unbedingtes Vorschlagsrecht. Siehe auch Art. 22, 25, 34 Abs. 4, Art. 36, 52 BayPVG einerseits und § 17 Abs. 2, §§ 22, 33 Abs. 4, §§ 35, 50 PersVertrG andererseits.

[161] BGBl I S. 124, i.d.F. vom 23. 8. 1967 (BGBl I S. 917).

den Koalitionen und den selbständigen Vereinigungen von Arbeitnehmern mit sozial- oder berufspolitischer Zwecksetzung (sonstige Arbeitnehmervereinigungen) Einfluß auf die Besetzung der Selbstverwaltungsorgane. So können Gewerkschaften, Vereinigungen von Arbeitgebern und unter bestimmten Voraussetzungen auch sonstige Arbeitnehmervereinigungen Vorschlagslisten zu den Organwahlen einreichen[162]. Ihnen steht das Recht der Wahlanfechtung zu[163]. Den Organen können als Vertreter der Versicherten Beauftragte der Gewerkschaften und der sonstigen Arbeitnehmervereinigungen, als Vertreter der Arbeitgeber auch Beauftragte der Vereinigungen von Arbeitgebern angehören[164].

II. Die Mitwirkung der Interessenverbände am Prozeß der staatlichen Willensbildung[165]

1. Die Mitwirkung im Gesetzgebungsverfahren

a) *Die mitgliedschaftliche Beteiligung* der Interessenverbände *in einer gesetzgebenden Körperschaft* ist nur in Bayern vorgesehen. Der Senat hat das Recht der Gesetzesinitiative, ist zu gutachtlichen Stellungnahmen zu den Gesetzesvorlagen der Staatsregierung berufen und kann gegen die vom Landtag beschlossenen Gesetze Einwendungen erheben[166]. Als „die Vertretung der sozialen, wirtschaftlichen, kulturellen und gemeindlichen Körperschaften" des Landes[167] gehören dem Senat u. a. auch Vertreter der Gewerkschaften, der freien Berufe und der Genossenschaften an, die von den jeweiligen Landesorganisationen nach demokratischen Grundsätzen gewählt werden[168].

[162] § 7 Abs. 2 und 3 SVwG.

[163] § 30 in Verb. mit § 7 Abs. 2 SVwG.

[164] § 3 Abs. 4 SVwG. Zur Selbstverwaltung in der Sozialversicherung siehe: *Leopold,* Die Selbstverwaltung in der Sozialversicherung, Diss., Würzburg 1972.

[165] Die folgende Darstellung hat nur exemplarischen Charakter und erhebt keinen Anspruch auf Vollständigkeit. Aus der umfangreichen Literatur zu diesem Thema siehe etwa: *Ammermüller,* Verbände im Rechtsetzungsverfahren, 1971; *von Bethusy-Huc,* Demokratie und Interessenpolitik, 1962; *Schomerus,* Die organisatorische Eingliederung der Interessenverbände in die Bundesverwaltung, 1959; *Varain,* Parteien und Verbände, S. 289 ff.; *Versteyl,* Der Einfluß der Verbände auf die Gesetzgebung, Diss. Bochum 1972; *Völpel,* Rechtlicher Einfluß von Wirtschaftsgruppen auf die Staatsgestaltung 1972, S. 73 ff.; *Wittkämper,* Interessenverbände, S. 47 ff. Vgl. auch *von Beyme,* Interessengruppen, S. 165 ff. Eine Zusammenstellung der Gründe, die für eine Mitwirkung der Interessenverbände bei der Willensbildung des Staates sprechen, gibt *Conradi,* Die Mitwirkung außerstaatlicher Stellen beim Erlaß von Rechtsverordnungen, in: *Varain* (Hg.), Interessenverbände in Deutschland, 1973, S. 295 ff.

[166] Art. 39, 41 BV vom 2. 12. 1946 (BayBS I S. 3).

[167] Art. 34 BV.

[168] Art. 35, 36 BV in Verb. mit Art. 4 - 6 des Gesetzes über den Senat i.d.F. der Bek. vom 9. 2. 1966 (GVBl S. 99).

b) *Die fakultative, verfahrensmäßige Beteiligung von Interessenverbänden im vorbereitenden Gesetzgebungsverfahren* sehen die gemeinsame Geschäftsordnung der Bundesministerien[169], die Geschäftsordnungen des Bundestages[170] und die einiger Landesparlamente vor[171]. Einen *Anspruch* auf Mitwirkung bei der Vorbereitung gesetzlicher Regelungen der beamtenrechtlichen Verhältnisse haben die Spitzenorganisationen der zuständigen Gewerkschaften und Berufsverbände nach den Bestimmungen des Beamtenrechts[172].

2. Die Mitwirkung der Interessenverbände bei der unmittelbaren Staatsverwaltung

a) Den Koalitionen sind auf dem Gebiet des Arbeitsrechts *subjektive öffentliche Rechte auf Anhörung und Stellungnahme*[173] eingeräumt. Nach § 3 des Gesetzes über die Festsetzung von Mindestarbeitsbedingungen vom 11. Januar 1952[174] gibt der Bundesminister für Arbeit und Sozialordnung vor der Festsetzung von Mindestarbeitsbedingungen den zuständigen Gewerkschaften und Vereinigungen von Arbeitgebern die Gelegenheit zu schriftlicher Stellungnahme und zur Äußerung in einer öffentlichen mündlichen Verhandlung vor dem Fachausschuß. Die Spitzenverbände der Gewerkschaften und der Vereinigungen der Arbeitgeber haben ein Anhörungsrecht vor Erlaß von Ausführungsbestimmungen zum Heimarbeitsgesetz[175].

b) Als populärstes Beispiel für die *Mitwirkung von Interessenverbänden in beratenden Ausschüssen*[176] sei die Beteiligung von Gewerkschaf-

---

[169] § 23 GGO II.

[170] GO des BT vom 23. 7. 1969 (BGBl I S. 1100). Die Anlage 1 a zur GO des BT (Bek. vom 19. 10. 1972, BGBl I S. 2065) schreibt vor, daß nur solche Interessenverbände zur Anhörung zugelassen werden, die in eine vom Präsidenten des BT zu führende öffentliche Liste eingetragen sind.

[171] Siehe dazu die Zusammenstellung bei *Wittkämper*, Interessenverbände, S. 51 f.

[172] § 58 BRRG i.d.F. vom 17. 7. 1971 (BGBl III 1020-1); § 94 BBD i.d.F. vom 17. 7. 1971 (BGBl III 2030-2) zur verfassungsrechtlichen Problematik dieser Vorschrift siehe *Ammermüller*, Verbände im Rechtsetzungsverfahren, 1971. Eine ausführliche Regelung des Beteiligungsverfahrens enthält Art. 104 BayBG i.d.F. des § 1 des Gesetzes vom 24. 7. 1974 (GVBl S. 371).

[173] Siehe dazu *von Beyme* (Interessengruppen, S. 165 ff.) und *Schomerus*, Die organisatorische Eingliederung der Interessenverbände in die Bundesverwaltung, 1959, S. 146.

[174] BGBl I S. 17.

[175] § 33 Heimarbeitsgesetz vom 14. 3. 1951 (BGBl I S. 191), i.d.F. des Gesetzes vom 29. 10. 1974 (BGBl I S. 2879). Weitere Beispiele bei *Wittkämper*, Interessenverbände, S. 52.

[176] Zusammenstellung der Rechtsgrundlagen für diese Mitwirkungsform bei *Wittkämper* (Interessenverbände, S. 52) und *Völpel*, Rechtlicher Einfluß auf die Staatsgestaltung, 1972, S. 84 ff. Aus dem Landesrecht vgl. etwa Art. 4 des Bayer. Gesetzes zur Durchführung der Kriegsopferfürsorge vom 20. 2. 1974 (GVBl S. 124).

ten und Unternehmerverbänden an der „konzertierten Aktion" genannt. In § 3 des Gesetzes zur Förderung der Stabilität und des Wachstums der Wirtschaft vom 8. Juni 1967[177] ursprünglich nur als Verhalten definiert, hat sie sich in der Praxis zu einer ständigen Einrichtung entwickelt[178].

c) *Eine organisatorische Einbeziehung von Interessenverbänden in Beschlußorgane* sehen z. B. das Gesetz über die Verwaltung der Deutschen Bundespost (Postverwaltungsgesetz) vom 24. Juli 1973[179] und das Bundesbahngesetz vom 31. Dezember 1951[180] vor. Die nach diesen Gesetzen zu bildenden Verwaltungsräte werden u. a. auf Vorschlag der Spitzenverbände der gewerblichen Wirtschaft, der Landwirtschaft und des Verkehrs mit Vertretern der Gesamtwirtschaft, sowie auf Vorschlag der zuständigen Gewerkschaften mit Vertretern des Personals besetzt[181].

3. Die Mitwirkung von Interessenverbänden bei der gesetzesvollziehenden Planungstätigkeit[182] der Verwaltung

a) *Die gesetzlich vorgeschriebene, institutionalisierte Beteiligung* an den Planungsprozessen der Verwaltung ist auf Landesebene anzutreffen. So haben die Bundesländer in Erfüllung des ihnen in § 5 Raumordnunggesetz vom 8. April 1965[183] erteilten Auftrages Landesplanungsgesetze erlassen und darin die Errichtung von Landes-, Bezirks- und regionalen Planungsbeiräten vorgesehen[184]. In diese Gremien sind Vertreter von Organisationen zu berufen, deren Aufgaben durch „raumbedeutsame Planungen und Maßnahmen" berührt werden. Den betroffenen Verbänden steht ein Vorschlagsrecht zu[185].

b) Daneben werden Interessengruppen auch ohne gesetzliche Grundlage in *nicht institutionalisierten Gruppengesprächen und Einzelkontak-*

---

[177] BGBl III 707-3.

[178] Siehe dazu zuletzt *Schröder*, Die Konzertierte Aktion — Modell für eine Zusammenarbeit von Staat und Verbänden? in: Demokratie und Verwaltung, 25 Jahre Hochschule für Verwaltungswissenschaften Speyer, 1972, S. 419 ff.

[179] BGBl III 900-1.

[180] BGBl III 931-1.

[181] §§ 5, 6 Postverwaltungsgesetz und § 10 Abs. 1, 2 Bundesbahngesetz. Weitere Beispiele bei *Wittkämper*, Interessenverbände, S. 52.

[182] Zur Beteiligung an der gesetzesvorbereitenden Planung (Unterscheidung nach *Ossenbühl*, 50. DJT, Bd. I Teil B, S. 27) siehe oben, 2. Zum demokratischen Aspekt der Beteiligung der Betroffenen an der Planung siehe oben, Anm. 89 und außerdem: *Offe*, Demokratische Legitimation der Planung, in: *Greiffenhagen* (Hg.), Demokratisierung in Staat und Gesellschaft, S. 285 ff.; *Stich*, Die Mitwirkung des Bürgers und der Öffentlichkeit an der Raumplanung, in: Demokratie und Verwaltung, 25 Jahre Hochschule für Verwaltungswissenschaften Speyer, 1972, S. 355 ff.; vgl. auch *von Beyme*, Interessengruppen, S. 86.

[183] BGBl III 2300-1.

[184] Für Bayern siehe Art. 11 BayLplG vom 6. 2. 1970 (GVBl S. 9).

[185] Art. 12 BayLplG in Verb. mit der VO über die Zusammensetzung des Landesplanungsbeirates und der Bezirksplanungsbeiräte vom 6. 7. 1970 (GVBl S. 281), geändert durch die VO vom 24. 11. 1970 (GVBl S. 541).

ten zum Planungsgegenstand befragt. Die Planungsstäbe der Verwaltung sind auf Informationen über die Einstellung der betroffenen Bevölkerungskreise und die zu erwartende Reaktion auf die beabsichtigten Maßnahmen angewiesen. Außerdem verhindert bereits das Gefühl, „zu einer Meinungsäußerung aufgefordert worden zu sein“[186], die Bildung von Widerstand bei der Durchführung der geplanten Maßnahme und erhöht die Kompromißbereitschaft.

4. Die selbständige Erledigung von Staatsaufgaben durch Interessenverbände im Gesetzesvollzug

a) Einigen Interessenverbänden sind auf Grund vorkonstitutionellen Rechts — jedenfalls materiell — *hoheitliche Befugnisse*[187] auf wirtschaftlichem Gebiet übertragen. So „gelten“ die vom Verband Deutscher Elektrotechniker e. V. aufgestellten Richtlinien als die „anerkannten Regeln der Elektrotechnik“, nach denen elektrische Energieanlagen und Energieverbrauchsgeräte einzurichten und zu unterhalten sind[188]. Der Deutsche Verein von Gas- und Wasserfachmännern e. V. nimmt die gleichen Aufgaben auf dem Gebiet der Gasversorgung wahr[189].

b) Daneben werden Wirtschaftsverbände unter bestimmten Voraussetzungen an der *Vorbereitung* und der *technischen Durchführung von gesetzesvollziehenden Maßnahmen* beteiligt. So sind anerkannnte Landesverbände der an der Milchwirtschaft beteiligten Wirtschaftskreise (Landwirtschaft, Molkereien und Milchhandel) und Verbraucher in den Vollzug des Gesetzes über den Verkehr mit Milch, Milcherzeugnissen und Fetten (Milch- und Fettgesetz) vom 10. 12. 1952 eingeschaltet[190]. Hoheitliche Befugnisse stehen ihnen dabei nicht zu.

---

[186] *Mayntz*, Funktionen der Beteiligung bei öffentlicher Planung, in: Demokratie und Verwaltung, 25 Jahre Hochschule für Verwaltungswissenschaften Speyer, 1972, S. 349.

[187] Zur verfassungsrechtlichen Problematik der Übertragung hoheitlicher Befugnisse auf (Interessen-)Verbände siehe: *E. R. Huber*, DVBl 52, 456 ff.; *dens.*, Wirtschaftsverwaltungsrecht Bd. 1, 2. Aufl. 1953, § 46; *Reuss*, Die Organisation der Wirtschaft, S. 128 ff.; *Wittkämper*, Interessenverbände, S. 195 ff. Zur Verwaltungshilfe Privater allgemein siehe zuletzt *Ossenbühl*, VVdStRL 29 (1971), S. 137 ff.

[188] § 1 Abs. 2 der VO zur Durchführung des EnergG vom 31. 8. 1937 (RGBl I S. 918).

[189] § 1 der 4. VO zur Durchführung des EnergG vom 7. 12. 1938 (RGBl I S. 1732).

[190] § 14 Milch- und Fettgesetz (BGBl I S. 811). Siehe auch § 8 des Gesetzes zur Sicherung der Energieversorgung bei Gefährdung oder Störung der Einfuhren von Erdöl, Erdölerzeugnissen oder Erdgas (Energiesicherungsgesetz 1975) vom 20. 12. 1974 (BGBl S. 3681), wonach in Rechtsverordnungen auf Grund dieses Gesetzes bestimmt werden kann, daß Verbände und Zusammenschlüsse bei der Ausführung der Rechtsverordnungen beratend mitwirken, soweit ihre Interessen unmittelbar betroffen sind.

5. Die Mitwirkung von Interessenverbänden bei der Rechtspflege[191]

a) Eine Reihe von Interessenverbänden wirkt durch *unselbständige* Rechtshilfe bei der Rechtspflege mit und übt dadurch mittelbar Einfluß auf die Willensbildung des Staates aus[192]. Vertreter von Gewerkschaften und Arbeitgeberverbänden dürfen, wenn sie kraft Satzung oder Vollmacht zur Vertretung befugt sind, ihren Mitgliedern in Rechtsstreitigkeiten vor den Arbeitsgerichten und den Landesarbeitsgerichten rechtlichen Beistand gewähren[193]. Unter den gleichen Voraussetzungen sind Mitglieder und Angestellte von Gewerkschaften, selbständigen Vereinigungen von Arbeitnehmern mit berufs- oder sozialpolitischer Zwecksetzung sowie Arbeitgeberverbände und Kriegsopfervereine zur Vertretung in sozialgerichtlichen Verfahren zugelassen[194].

b) Den Koalitionen und Arbeitnehmervereinigungen mit sozial- oder berufspolitischer Zwecksetzung ist ein personeller und institutioneller *Einfluß auf die Rechtsprechung* der Arbeitsgerichtsbarkeit, in personeller Hinsicht auch auf die der Sozialgerichtsbarkeit, eingeräumt. So haben die genannten Vereinigungen ein Vorschlagsrecht für die Berufung der ehrenamtlichen Richter[195]. Sie wirken in den für die Ernennung der Berufsrichter zuständigen Ausschüssen mit[196] und werden vor der Ernennung des Präsidenten und der Vorsitzenden bei den Landesarbeitsgerichten angehört[197]. Schließlich steht ihnen ein Anhörungsrecht bei der Errichtung von Arbeitsgerichten und der Landesarbeitsgerichte[198] und der Bestimmung der Anzahl der Kammern dieser Gerichte[199] zu[200].

---

[191] Siehe dazu: *Brangsch*, Prozeßvertretung durch Verbände, NJW 55, 1823; *Wittkämper*, Interessenverbände, S. 52.

[192] Den Verbandsvertretern kommt damit jedenfalls materiell die Stellung von Organen der Rechtspflege zu (vgl. für die Rechtsanwälte § 1 BRAO vom 1. 8. 1959 — BGBl I S. 565). Dies gilt jedoch nicht, soweit Verbände lediglich zur Beratung ihrer Mitglieder befugt sind. Siehe dazu § 7 RBerG vom 13. 12. 1935 (RGBl I S. 1478, BGBl III 303 - 12), § 107 a AO vom 22. 5. 1931 (RGBl I S. 161, BGBl III 610 - 1) und § 95 BVFG vom 19. 5. 1953 (BGBl I S. 201). Auch die Fälle der selbständigen Klagebefugnis der Verbände (vgl. etwa § 13 UWG vom 7. 6. 1909 — RGBl S. 499, BGBl III 43 - 1) gehört nicht hierher, da die Verbände in diesen Fällen eigenes Rechtschutzinteresse verfolgen und nicht als Organe der Rechtspflege tätig werden. Zum Problem der selbständigen Verbandsklage siehe etwa: *Eyermann*, BayVBl 74, 242 ff.; *K. Hoffmann*, BayVBl 72, 524 ff.; *Knieper*, NJW 71, 2251 ff.; *Mutius*, VerwArch, Bd. 64 (1973), S. 311 ff.; *M. Wolf*, Die Klagebefugnis der Verbände, 1971; *Ule*, DVBl 72, 445.

[193] § 11 ArbGG vom 3. 9. 1953 (BGBl I S. 1267), zuletzt geändert durch Gesetz vom 26. 5. 1972 (BGBl I S. 841).

[194] § 73 Abs. 6, § 166 Abs. 2 SGG i. d. F. vom 23. 9. 1975 (BGBl I S. 2535).

[195] §§ 20, 37, 43 ArbGG; §§ 14, 35, 45 f. SGG.

[196] § 18 ArbGG; § 11 SGG.

[197] § 36 ArbGG.

[198] § 14 Abs. 1, § 33 ArbGG.

[199] § 17 Abs. 1, § 35 Abs. 3 ArbGG.

[200] Vgl. auch §§ 23, 25 FGO vom 1. 10. 1965 (BGBl III 350 - 1), i. d. F. des Gesetzes vom 26. 5. 1972 (BGBl I S. 841). Zu den Funktionen der Beteiligung

D. Zusammenfassung

Verbände sind Organisationen, die, aus einer Vielheit von natürlichen oder juristischen Personen oder aus einer Vermögensmasse bestehend und zu einem Mindestmaß verfaßt, auf einen gemeinsamen Zweck gerichtet sind. Die Qualität eines Interessenverbandes kommt einem Verband zu, der die ihn konstituierenden Interessen unter Einsatz seiner politischen und sozialen Macht auf politischem Weg durchzusetzen versucht. Als privilegierte Interessenverbände können Interessenverbände bezeichnet werden, die institutionell oder verfahrensmäßig an der Willensbildung des Staates beteiligt sind.

Die Existenz der Interessenverbände in der Verfassungsordnung des Grundgesetzes ist durch Art. 9 Abs. 1 GG gewährleistet. Die Beteiligung der Interessenverbände an der Willensbildung des Staates wird durch die politischen Grundrechte (Art. 5, 8 und 9 GG) garantiert. In ihrer demokratischen Komponente gewähren diese einzelnen und sozialen Gruppen das Recht der Mitwirkung an der staatlichen Willensbildung in dem Maße, das zur Verwirklichung der demokratischen Idee erforderlich ist. Dagegen vermag die Forderung nach Partizipation die Beteiligung von Interessenverbänden an der Willensbildung des Staates nicht zu rechtfertigen. Denn Partizipation ist ein heuristischer, kein verfassungsrechtlicher Begriff.

Die verfassungsrechtlichen Grenzen der Mitwirkung von Interessengruppen an der Willensbildung des Staates sind durch den demokratischen Grundsatz der Maßgeblichkeit des Willens des Gesamtvolkes und das Prinzip der parlamentarischen Kontrolle und Verantwortlichkeit der Regierung gezogen. Danach ist die Mitwirkung an der staatlichen Willensbildung in Form der selbständigen Erledigung von Staatsaufgaben unter den für die Selbstverwaltung geltenden Bedingungen und in Form der institutionellen oder verfahrensmäßigen Mitwirkung bzw. der unterparitätischen Mitentscheidung zulässig.

---

von ehrenamtlichen Richtern in den öffentlich-rechtlichen Gerichtsbarkeiten siehe *Rüggeberg*, VerwArch 61 (1970), S. 202 ff.

Drittes Kapitel

Die Interessenverbände als Gegenstand der Forderung nach Demokratisierung

A. Die Rechtfertigung der Forderung nach Demokratisierung der Interessenverbände

I. Das dogmatische Defizit

Das Problem der Binnenstruktur von Interessenverbänden ist in Rechts-, Staats- und Gesellschaftswissenschaft gleichermaßen aktuell[1]. Die Diskussion über die innere Organisation sozialer Verbände ist mit der Verabschiedung des Parteiengesetzes vom 24. 7. 1967[2], wodurch dem Auftrag des Art. 21 Abs. 1 Satz 3 GG Rechnung getragen worden ist, keineswegs verstummt, sondern durch die zur gleichen Zeit erhobene Forderung nach Demokratisierung der Gesellschaft neu belebt worden. Die Verfassungsrechtsdogmatik hat jedoch auch dazu[3] bisher wenig beigetragen. Mit den Schlagworten „innere Vereinigungsfreiheit" und „Verbandsdemokratie" wird eine ihrem Inhalt nach unbestimmte demokratische Infrastruktur aller, wenigstens aber eines nach unklaren Kriterien bestimmten Teils der Interessenverbände propagiert. Soweit eine verfassungsrechtliche Begründung hierfür überhaupt versucht und die Beachtung demokratischer Spielregeln nicht als eine „Banalität"[4] betrachtet wird, gerät die vage Ahnung, daß der Einfluß der Interessenverbände nur durch den Einbau demokratischer Mechanismen in die Verbandsorganisation gebändigt werden könne, unter Vermengung von Argumenten aus dem Grundrechtsbereich mit demokratischen Aspekten zum verfassungsrechtlichen Postulat.

Einige Autoren bejahen ein absolutes Verfassungsgebot demokratischer Infrastruktur[5] von Interessenverbänden. Die Begründungen hier-

---

[1] Siehe dazu die Zusammenstellung bei *Antritter*, in: *Greiffenhagen* (Hg.), Demokratisierung in Staat und Gesellschaft, 1973, S. 458 ff.

[2] BGBl I S. 773.

[3] Ähnlich wie bei der Diskussion über den Begriff der Demokratisierung (siehe dazu oben, 1. Kap. Abschn. B II).

[4] So *Wertenbruch*, Gedächtnisschrift für *H. Peters*, 1967, S. 633.

[5] *Martens*, Öffentlich als Rechtsbegriff, 1969, S. 168; *Abendroth*, ArbuR 59, 265; *Ridder*, Gewerkschaften, S. 42.

für sind unterschiedlich. Während *Abendroth*[6] dieses Postulat „dem Sinn der Art. 20 Abs. 1 und 2, 28 GG" entnimmt, leitet es *Martens*[7] aus der individuellen Komponente der Koalitionsfreiheit ab. Teilweise wird die Erstreckung demokratischer Grundsätze auf Vereinigungen beschränkt, die Träger von Macht sind und diese zur Einflußnahme auf die Willensbildung von Volk und Staat benutzen. So entnimmt *Ramm*[8] aus Art. 21 GG den Grundsatz, „daß alle Gruppen, die Träger von Macht sind, demokratisch organisiert sein müssen". Er macht dabei keinen Unterschied zwischen politischer und sozialer Macht[9]. Demgegenüber lehnt *Maunz*[10] eine analoge Anwendung der strengen Anforderungen der Vorschrift des Art. 21 Abs 1 Satz 3 GG aus Zweckmäßigkeitsgründen ab und tritt für eine differenzierende Lösung ein: Die Bedeutung des demokratischen Prinzips für die Auslegung des Art. 9 Abs. 1 GG lege es nahe, an die innere Ordnung der Vereinigungen desto höhere demokratische Anforderungen zu stellen, „je mehr sich die Vereinigung nach dem Gewicht ihrer politischen Einflußnahme der Bedeutung einer politischen Partei nähert"[11]. Für die Koalition im Sinne von Art. 9 Abs. 3 GG wird aus deren öffentlicher, durch die Verfassung abgesicherte Funktion das Erfordernis demokratischer Organisation gefolgert[12].

II. Die politischen Grundrechte

Den politischen Grundrechten der Meinung-, Versammlungs- und Vereinigungsfreiheit ist oben[13] eine Doppelfunktion[14] zugeschrieben worden. Danach dienen sie zum einen der Abwehr staatlicher Beschränkung der Freiheit der einzelnen und der Vereinigungen, am Prozeß der Willensbildung des Volkes gleichberechtigt mitzuwirken. Zum anderen gewährleisten sie (in ihrer demokratischen Komponente) die Verwirklichung des Rechts auf Teilhabe der Bürger und Verbände an der Willens-

[6] ArbuR 59, 265.

[7] Öffentlich als Rechtsbegriff, 1969, S. 168.

[8] Kampfmaßnahmen und Friedenspflicht, S. 46.

[9] Willensbildung, S. 119; *ders.* Arbeitskampf, S. 134; kritisch dazu *Gitter*, JZ 65, 198; *H. H. Klein* (Grundrechte, S. 15, FN 50) beschränkt die Analogie auf diejenigen Verbände, „deren Einfluß wie derjenige der Parteien institutionalisiert ist".

[10] *Maunz*, in: Maunz/Dürig/Herzog, Rdnr. 56 zu Art. 9; Rdnr. 37 (einschränkend Rdnr. 38) zu Art. 21.

[11] Zur Differenzierung unter dem Gesichtspunkt der politischen Einflußnahme vgl. *Hanke*, Kolloquium, S. 9; *Kölble*, ebenda, S. 8.

[12] *Ramm*, Willensbildung, S. 117; *Ridder*, Gewerkschaften, S. 42; *von Münch*, in: Bonner Kommentar, Zweitbearbeitung 1966, Rdnr. 149 zu Art. 9; *Wengler*, Kampfmaßnahme, S. 46, 48; BAGE 6, 363.

[13] S. 77.

[14] Der institutionelle Aspekt des Grundrechts der Vereinigungsfreiheit (siehe dazu oben, 2. Kap. Abschn. B I) kann hier vernachlässigt werden.

bildung des Staates in den sie betreffenden Fragen, soweit dies zu einer optimalen Verwirklichung der demokratischen Idee beiträgt und nicht gegen den demokratischen Grundsatz der Maßgeblichkeit des Willens des (Gesamt-)Volkes verstößt. Allgemein kommt den Grundrechten der Art. 5, 8 und 9 GG damit eine Garantiefunktion für die Herstellung der gesellschaftlichen Voraussetzungen einer demokratischen Willensbildung des Staates zu. Die politischen Grundrechte verbieten deshalb für die Interessenverbände die Beeinträchtigung der Freiheit der Willensbildung auch durch nichtstaatliche, soziale Gewalten und gebieten damit gleichzeitig die Einhaltung eines demokratischen Mindeststandards beim Prozeß der Willensbildung des Verbandes. Soweit die Interessenverbände an der Willensbildung des Staates institutionell oder verfahrensmäßig beteiligt sind, verlangen sie darüber hinaus einen demokratischen Willensbildungsprozeß, der auf die Verbindlichkeit des allgemein, frei und gleichberechtigt gebildeten Mehrheitswillens gerichtet ist und die demokratische Legitimation der Verbandsvertreter gewährleistet[15].

Den politischen Grundrechten kommt damit auch Bedeutung für das Verhältnis von Interessenverband und Mitglied zu. Damit ist das nach wie vor aktuelle Problem der Drittwirkung der Grundrechte angesprochen[16]. Einer Stellungnahme hierzu bedarf es jedoch nicht. Soweit die Interessenverbände institutionell oder verfahrensmäßig an der Willensbildung des Staates beteiligt sind und ihnen damit materiell die Stellung von Staatsorganen zukommt, steht die Geltung der politischen Grundrechte im Verhältnis von Verband und Mitglied außer Frage[17]. Soweit sich die Interessenverbände nur am Prozeß der Willensbildung des Volkes beteiligen und nur mittelbar, durch Aktivierung der öffentlichen Meinung und Ausübung sozialen Drucks auf die Staatsorgane die Willensbildung des Staates faktisch beeinflussen, folgt die Grundrechtsgebundenheit der Interessenverbände gegenüber ihren Mitgliedern aus der Funktion der politischen Grundrechte als Garanten für eine Verwirklichung und Bewahrung der demokratischen Ordnung des Staates. Denn der die Willensbildung des Staates vorbestimmende Prozeß der Willensbildung des Volkes kann nur dann zu einer Verwirklichung der Demokratie beitra-

---

[15] Nach Winkler (VVdStRL 24 - 1966 - S. 66) muß der grundrechtliche Schutz des einzelnen „gegenüber den Verbänden in gleicher Weise gewährleistet werden, wie er gegenüber dem Staat besteht". Ebenso *von Beyme*, Interessengruppen, S. 188; vgl. auch *Wittkämper*, Interessenverbände, S. 68 ff. *Schmitt Glaeser* (VVdStRL 31 - 1973 - S. 230, FN 217) sieht durch eine „autoritäre Binnenstruktur die durch den Zusammenschluß bezweckte Effektivierung grundrechtlich gewährleisteter Interessenvertretung" als gefährdet an.

[16] Zum Streitstand siehe: *Dürig*, in: Maunz/Dürig/Herzog, Rdnr. 127 ff. zu Art. 1. Vgl. insbes. *Leisner*, Grundrechte und Privatrecht, 1960; *Laufke*, Festschrift für *H. Lehmann*, 1956, Bd. 1, S. 145 ff.; *Dürig*, Festschrift für Nawiasky 1956, S. 157 ff.; *Enneccerus/Nipperdey*, Lehrbuch des Bürgerlichen Rechts, 15. Aufl. 1959, 1. Halbband, S. 74 ff. BVerfGE 7, 204 ff.

[17] Ebenso *Wittkämper*, Interessenverbände, S. 70 f.

gen, wenn er frei von staatlicher, aber auch frei von verbandlicher Machtausübung gegenüber dem einzelnen ist.

III. Das demokratische Prinzip des Grundgesetzes

Das demokratische Prinzip ist oben[18] als ein Staatsorganisationsprinzip bezeichnet worden, das die Willensbildung der Staatsorgane (nicht der Gesellschaft) regelt und das einer Erstreckung auf gesellschaftliche Prozesse grundsätzlich nicht zugänglich ist. Die Interessenverbände sind gesellschaftliche Organisationen. Eine Erstreckung der Forderungen des demokratischen Prinzips auf diese Organisationen kommt nicht bereits auf Grund der Tatsache in Betracht, daß jeder Interessenverband an der gesellschaftlichen Willensbildung beteiligt ist und damit jedenfalls faktisch die Staatswillensbildung mittelbar beeinflußt. In den Geltungsbereich des demokratischen Prinzips werden die Interessenverbände vielmehr nur gerückt, soweit sie institutionell oder verfahrensmäßig an der Willensbildung des Staates beteiligt sind und ihnen damit eine unmittelbare „demokratische Relevanz" zukommt. Über die Ausgestaltung dieser demokratischen Ordnung ist damit noch nichts ausgesagt[19]. Dies bedeutet insbesondere nicht, daß eine Übertragung aller organisatorischen Anforderungen der politischen Demokratie geboten ist. Es ist vielmehr für jeden demokratischen Grundsatz zu prüfen, ob seine Geltung innerhalb privilegierter Interessenverbände für die Gewährleistung der demokratischen Willensbildung des Staates erforderlich und seine Anwendung im Verbandsleben auch praktikabel ist.

B. Die demokratische Relevanz des Wirkens der Interessenverbände

I. Die Mitwirkung der Interessenverbände am Prozeß der politischen Willensbildung des Volkes

Als interessenspezifische Kristallisationspunkte von Gruppenmeinungen und Artikulatoren der öffentlichen Meinung üben die Interessenverbände Einfluß auf die Meinungsbildung des Volkes aus. Ihre vielfältige Einflußnahme auf Führungsstruktur und Programm der politischen Parteien und ihre Beteiligung an der Willensbildung gesellschaftlicher Selbstverwaltungseinrichtungen sichert ihnen eine bedeutende Rolle bei

[18] Siehe dazu oben, 1. Kap. Abschn. B II 1.

[19] Siehe dazu unten, Abschn. C.

der Willensbildung des Volkes[20]. Da der Prozeß der Willensbildung des Volkes eine Vorstufe der staatlichen Willensbildung darstellt, kommt der Mitwirkung der Interessenverbände am Prozeß der politischen Willensbildung des Volkes nur mittelbar demokratische Relevanz zu.

II. Die Mitwirkung der Interessenverbände am Prozeß der staatlichen Willensbildung

1. Die faktische Beeinflussung der staatlichen Willensbildung[21]

a) Das Verhalten eines Staatsorgans in seiner Gesamtheit unterliegt tatsächlicher, institutionell nicht abgesicherter Einflußnahme durch den *Einsatz wirtschaftlicher Macht.* Als Beispiel hierfür seien die Spitzenverbände von volkswirtschaftlichen Schlüsselindustrien genannt, die durch entsprechende Steuerung ihrer Branchenpolitik die wirtschaftspolitische Konzeption des Staates zu beeinflussen vermögen[22].

b) Die Willensbildung von Staatsorganen ist darüber hinaus der *Präsentation gesellschaftlicher Macht* ausgesetzt, die sich in der Form friedlicher Proteste, gewaltsamer Aktion oder des passiven Widerstandes vollziehen kann.

Das Ziel friedlicher Protestaktionen (Sternfahrten zu den politischen Entscheidungszentren, Kundgebunden am Ort[23] usw.) ist vor allem die Exekutive. Dieser Form der Präsentation gesellschaftlicher Macht bedienen sich hauptsächlich straff organisierte, mitgliederstarke Verbände.

Der faktischen Beeinflussung ihrer Willensbildung durch Pressionen sind sämtliche Staatsorgane ausgesetzt[24]. So sehen sich Legislative und Exekutivspitze in der freien Gestaltung ihrer Bildungs-, Personal- oder Besoldungspolitik durch politische Streiks[25] (Lehrer- und Schülerstreik, Beamtenstreik, slow-go) beeinträchtigt. Boykottaufrufe von Bürgerinitiativen (Aktion „roter Punkt“) haben die Tarifgestaltung der kommunalen Verkehrsbetriebe beeinflußt. Die Gerichtsbarkeit ist in ihrer Entscheidungsfreiheit durch gezielte Besucherstrategie in Form von „go-ins“ beeinträchtigt[26]. Durch gewaltlosen Widerstand wird mittelbar Druck

---

[20] Siehe dazu oben, 2. Kap. Abschn. C.

[21] Zum Verhältnis zwischen Verbandsaktivität und Verhalten der Einflußadressaten und den Methoden der Einflußnahme siehe *von Beyme,* Interessengruppen, S. 155 ff.

[22] Vgl. auch den Brief der fünf wichtigsten Spitzenverbände der deutschen Wirtschaft an den Bundeskanzler vom 13. 12. 1974 zum Konzept der Bundesregierung in der beruflichen Bildung.

[23] Zu diesen Formen des gewaltlosen Widerstandes siehe *von Beyme,* Interessengruppen, S. 162 f.

[24] Siehe dazu *von Beyme,* Interessengruppen, S. 158 ff.

[25] Siehe dazu *Wittkämper,* Interessenverbände, S. 168 f.

auf die Legislative ausgeübt. Die sozialgestaltende Wirkung parlamentsbeschlossener Gesetze wird durch die Weigerung sozialer Gruppen, durch ihre Mitwirkung die Voraussetzungen für die Ausführung dieser Gesetze zu schaffen, gefährdet[27].

c) Die Beeinflussung der Entscheidung einzelner Mitglieder von Staatsorganen erfolgt in Form des *Lobbyismus*. Der Erfolg dieser Art der Einflußnahme beruht zum großen Teil auf Überzeugung durch persönliches Gespräch und die Ausnutzung persönlicher Beziehungen, zum geringeren Teil auf Korruption und Bestechung[28].

2. Die institutionalisierte Einflußnahme der Interessenverbände auf die Willensbildung des Staates

a) Die unmittelbare Mitwirkung bei der Erledigung von Staatsaufgaben

Die demokratische Relevanz des Wirkens der Interessenverbände tritt besonders dort deutlich zutage, wo die alleinige Maßgeblichkeit des Volkswillens durch die Einschaltung interessenorientierter Verbände in den staatlichen Willensbildungsprozeß infrage gestellt wird. So steht fest, daß die Mitwirkung der Interessenverbände im Gesetzgebungsverfahren durch mitgliedschaftliche Beteiligung in den gesetzgebenden Körperschaften[29] und ihre fakultative verfahrensmäßige Beteiligung im vorbereitenden Gesetzgebungsverfahren[30] zumindest zu einer Relativierung der Alleinverbindlichkeit des Willens des Gesamtvolkes führt. Auch die Einbeziehung der Interessenverbände in die unmittelbare Staatsverwaltung durch die Gewährung von Anhörungs-, Anregungs- und Vorlagerechten, die organisatorische Einbeziehung in Ausschüsse beratender Art oder in Beschlußorgane sowie die Einräumung von personellen Vorschlagsrechten[31] begründet einen — graduell je nach Mitwirkungsart verschiedenen — Einfluß auf Verlauf und Ergebnis des Willensbildungsprozesses der Exekutive, der demokratischer Legitimation bedarf. Schließlich wird die demokratische Legitimation der Rechtspflege durch die Beteiligung von Interessenverbänden an der Rechtsprechung[32] geschwächt.

---

[26] Zur Beeinflussung der Justiz, insbes. Lancierung von wissenschaftlichen Aritkeln, vgl. *von Beyme*, Interessengruppen, S. 121.

[27] So hat ein Teil der Ärzteschaft angekündigt, auch Schwangerschaftsabbrüche, die nach der Novellierung des § 218 StGB straffrei sind, nicht durchzuführen.

[28] Siehe dazu *von Beyme*, Interessengruppen, S. 156 f. (vor allem zu den Verhältnissen in den USA). Zum Begriff des Lobbyismus siehe oben, 2. Kap., Abschn. A III 2 c.

[29] Siehe dazu oben, 2. Kap., Abschn. C II 1 a.

[30] Siehe dazu oben, 2. Kap. Abschn. C II 1 b.

[31] Siehe dazu oben, 2. Kap. Abschn. C II 2 und 5.

[32] Siehe dazu oben, 2. Kap. Abschn. C II 5.

b) Die personelle Verflochtenheit von Verbands- und Staatsfunktion[33]

(1) Eine *Einflußnahme* der Interessenverbände auf die Willensbildung des Staates *über das Parlament* kann nicht nur durch das Auftreten sogenannter Interessenparteien[34] erfolgen, die sich rein programmatisch, also ohne personelles Engagement, den Interessen einer sozialen Gruppe verschrieben haben. Ein alltägliches Phänomen des heutigen Parlamentslebens ist der „Abgeordneten-Interessenvertreter“[35]. Zugleich Verbandsfunktionär und Abgeordneter, bieten sich ihm in der Arbeit der Fraktion, der Ausschüsse, sowie den Beratungen des Plenums Gelegenheiten, die Interessen des von ihm repräsentierten Verbandes in die Diskussion über die dem Gemeinwohl verpflichteten Problemlösungen einzubringen[36].

(2) In der *Exekutive* sind in besonderen Fachbereichen auf der Ministerialebene Personalunionen zwischen Staats- und Verbandsfunktionen anzutreffen. So waren die mit der Betreuung besonderer Bevölkerungsgruppen befaßten Ressorts des Bundes, wie das Landwirtschafts- oder das Vertriebenenministerium, personell zum Teil „fest in der Hand“ der jeweiligen Interessengruppen[37].

C. Die Anforderungen des demokratischen Prinzips an die Binnenstruktur von Interessenverbänden

I. Aufnahmezwang und materielles subjektives privates Recht auf Aufnahme in privilegierte Interessenverbände[38]

1. Der Aufnahmezwang

a) Die Freiheit von Aufnahmezwang als Ausfluß der kollektiven Vereinigungsfreiheit

Der kollektive Aspekt des Grundrechts der Vereinigungsfreiheit garantiert den Interessenverbänden grundsätzlich Autonomie im Rahmen

---

[33] Siehe dazu: *Winkler*, VVdStRL 24 (1966), S. 52 ff.; *Eschenburg*, Verbände, S. 16 ff.

[34] Zu diesem Begriff siehe: *Wittkämper*, Interessenverbände, S. 169; *von Beyme*, Interessengruppen, S. 123 f. Diese Gruppierungen spielen in der gegenwärtigen politischen Auseinandersetzung in der Bundesrepublik keine Rolle.

[35] *Wittkämper*, Interessenverbände, S. 181 ff.

[36] Siehe dazu *von Beyme*, Interessengruppen, S. 101 ff. Vgl. auch die empirischen Untersuchungen bei *Völpel* (Rechtlicher Einfluß der von Wirtschaftsgruppen auf die Staatsgestaltung, 1972, S. 73 ff.) und *Harnoß* (Parlamentarische Demokratie und Verbände in der Bundesrepublik Deutschland, in: Verbände und Herrschaft, 1970, S. 96 ff.).

[37] Beispiele hierzu aus der Vergangenheit finden sich bei *Eschenburg*, Verbände, S. 16 ff. Zur verfassungsrechtlichen Problematik der Personalunion von öffentlicher Funktion und Verbandsmandat siehe unten, Abschn. C V.

der verfassungsmäßigen Ordnung des Grundgesetzes. Zu einer selbständigen Gestaltung des Verbandslebens gehört auch die freie Bestimmung über die Mitgliederstruktur. So muß den Interessenverbänden stets die Festlegung der objektiven und subjektiven Anforderungen, die an potentielle Bewerber zu stellen sind und ihren zuständigen Organen grundsätzlich die Entscheidung darüber verbleiben, ob sie dem Aufnahmeantrag eines die satzungsmäßigen Voraussetzungen erfüllenden (qualifizierten) Bewerbers entsprechen wollen[39]. Die Interessenverbände sind dabei auch nicht an das Diskriminierungsverbot des Art. 3 Abs. 3 GG gebunden, sofern die Mitgliedschaft nach der Satzung gerade an die dort aufgeführten persönlichen Merkmale anknüpft[40]. Ein Aufnahmezwang beeinträchtigt grundsätzlich den materiellen Gehalt der Verbandsautonomie und verstößt gegen das Grundrecht der kollektiven Vereinigungsfreiheit[41].

b) Das demokratische Prinzip als Rechtsgrundlage für einen Aufnahmezwang in besonderen Fällen

Interessenverbände, die nach der Rechtsordnung in Angelegenheiten der von ihnen repräsentierten sozialen Gruppen institutionell oder verfahrensmäßig an der Staatswillensbildung beteiligt sind (privilegierte Interessenverbände), befinden sich im Geltungsbereich des demokrati-

[38] Dem Problem des Aufnahmezwangs bzw. des Rechts auf Aufnahme in Vereine und Verbände allgemein und in Interessenverbände im besonderen ist in der Literatur bisher nicht ausreichend Beachtung geschenkt worden. Soweit es behandelt wird, fehlt es an einer differenzierten Betrachtungsweise. So wird dem Aufnahmezwang ohne weiteres ein korrespondierender Aufnahmeanspruch des einzelnen an die Seite gestellt (vgl. *Birk*, JZ 72, 345). Unter Vernachlässigung des verfassungsrechtlichen Aspekts (vgl.: *von Münch*, in: Bonner Kommentar, Zweitbearbeitung, Rdnr. 45 zu Art. 9; *Maunz*, in: Maunz/Dürig/Herzog, Rdnr. 54 zu Art. 9; *Reuss*, Die Organisation der Wirtschaft, S. 115) wird die Betrachtung auf die zivilrechtliche Seite, v. a. auf das Kartell-, Wettbewerbs- und Genossenschaftsrecht, beschränkt (vgl. zuletzt *Sauter/Schweyer*, Der eingetragene Verein, 1974, S. 39 ff. und insbesondere *Birk*, JZ 72, 343 ff., mit umfangreichen Nachweisen, der die öffentlich-rechtliche Problematik ausdrücklich ausklammert, diese jedoch unzutreffend nur bei Parteien und Koalitionen ansiedelt). Zum Aufnahmeanspruch bei Koalitionen vgl.: *Galperin*, DB 69, 704 f.; *von Stachow*, Die Frage des Rechts auf Aufnahme in Koalitionen, Diss. Köln 1970. Zur Rechtslage im anglo-amerikanischen Rechtskreis und in Frankreich vgl. *Kahn/Freund*, Rechtliche Garantien der innergewerkschaftlichen Demokratie, in: Festgabe für Ernst Fraenkel, 1963, S. 335, 347 ff.

[39] Zu den zivilrechtlich begründeten Ausnahmen vgl. *Birk*, JZ 72, 343 ff.

[40] Dies gilt nicht für die politischen Parteien. So zutreffend *W. Henke*, Parteien, S. 64. *Reuss* (Die Organisation der Wirtschaft, S. 114 FN 74) hält eine Abgrenzung nach „unsachlichen Gesichtspunkten" (etwa nach dem Glaubensbekenntnis bei Wirtschaftsvereinigungen) für verfassungsrechtlich bedenklich.

[41] *Birk* (JZ 72, 346) sieht darin nur eine *formale* Einschränkung der Vereinsautonomie. Die Ansicht *E. R. Hubers* (Wirtschaftsverwaltungsrecht, Bd I, S. 252), ein Aufnahmezwang beeinträchtige das Recht des „Einzelnen, sich zu Vereinen und Gesellschaften zusammenzuschließen", überzeugt nicht.

schen Prinzips[42]. Dies verlangt, daß der zur Stärkung der materiellen Legitimation der Staatstätigkeit an der Staatswillensbildung beteiligte Interessenverband selbst eine ausreichende demokratische Legitimation besitzt[43]. Die Mitgliederstruktur des privilegierten Interessenverbandes muß deshalb die Repräsentation der wahren Gruppeninteressen durch die Chance der gleichberechtigten Teilhabe aller Betroffenen am Prozeß der Willensbildung des Verbandes ermöglichen. Diese Anforderungen vermag nur derjenige Interessenverband zu erfüllen, der verpflichtet ist, dem Aufnahmeantrag jedes qualifizierten Bewerbers zu entsprechen und dem es untersagt ist, seine Mitglieder nach persönlichen (politischen, weltanschaulichen usw.) Gesichtspunkten auszuwählen, die über die konstituierenden Merkmale hinausgehen. Dieser Aufnahmezwang findet seine Grenze, wo die Gleichheit der Angehörigen einer sozialen Gruppe bei der Mitwirkung an der Willensbildung in den sie betreffenden Fragen beeinträchtigt wird. Soweit der qualifizierte Bewerber bereits Mitglied eines ebenfalls institutionell oder verfahrensmäßig an der Willensbildung des Staates beteiligten Konkurrenzverbandes ist, scheidet deshalb ein Aufnahmezwang zur Vermeidung von Doppelmitgliedschaften aus.

c) Das Spannungsverhältnis zwischen kollektiver Vereinigungsfreiheit und demokratischem Prinzip

Der aus dem demokratischen Prinzip unmittelbar hergeleitete Aufnahmezwang für privilegierte Interessenverbände gerät nicht in Kollision mit dem Grundrecht der kollektiven Vereinigungsfreiheit. Die Funktion der politischen Grundrechte ist oben[44] als die von Garanten für die Verwirklichung des demokratischen Prinzips durch freie Meinungs- und Willensbildung sowie freie Willensäußerung im gesellschaftlichen Bereich beschrieben worden. Ihr Inhalt wird durch diese dienende Funktion bestimmt. Kann das Ziel einer demokratischen Willensbildung im Staat nur in Einschränkung der Verbandsautonomie durch einen Aufnahmezwang für die an der Staatswillensbildung beteiligten Interessenverbänden erreicht werden, so vermag das Grundrecht der kollektiven Vereinigungsfreiheit den Ausschluß eines Aufnahmezwangs nicht zu begründen.

---

[42] Siehe dazu oben, Abschn. A III. Die rechtliche oder faktische Monopolstellung eines Interessenverbandes kann einen Aufnahmezwang nur unter wettbewerbsrechtlichen Aspekten begründen.

[43] Zu schwach *Birk* (JZ 72, 346), der nur zugesteht, daß „soziologisch gesehen" eine Verein oder Verband, der dem Aufnahmezwang unterliegt, „sogar einen Zuwachs an Legitimität hinsichtlich der repräsentierten Gruppe erhalten" kann.

[44] S. 95 f.

2. Das materielle subjektive private Recht auf Aufnahme

a) Der Begriff des materiellen subjektiven privaten Rechts

Das subjektive Recht bezeichnet den Inbegriff derjenigen Rechtssätze, die einem Rechtsträger zur Befriedigung seiner Individualinteressen einen Anspruch auf ein Tun, Dulden oder Unterlassen gegen einen durch das objektive Recht Verpflichteten einräumen[45]. Unsere Rechtsordnung gewährt dem einzelnen keinen allgemeinen Gesetzesvollziehungsanspruch[46]. Sie weist vielmehr auch sogenannte „Rechtsreflexe"[47] auf, „die nicht zu einem konkreten Rechtsverhältnis zwischen dem einzelnen und dem durch das objektive Recht Verpflichteten verdichtet sind"[48] und somit nur eine (zufällige oder gewollte)[49] faktische Begünstigung enthalten.

Einer Verpflichtung durch das objektive Recht korrespondiert nur dann eine subjektive Berechtigung, wenn die Verpflichtung auf einer Rechtsnorm beruht, die zumindest *auch* dem Schutz konkret bestimmbarer Individualinteressen des einzelnen (und nicht nur der Verwirklichung eines öffentlichen Zwecks) zu dienen bestimmt ist[50]. Bei der Ermittlung des Normzwecks ist nicht auf den Willen des historischen Gesetzgebers, sondern auf den „aktuellen Sinngehalt des Gesetzes"[51] abzustellen und zu berücksichtigen, daß in einem freiheitlichen und sozialen Rechtsstaat eine Vermutung dafür spricht, daß „die aus der objektiven Ordnung erwachsenden Begünstigungen des einzelnen zugleich subjektive Rechte begründen"[52].

Die Abgrenzung des subjektiven privaten Rechts vom subjektiven öffentlichen Recht erfolgt nach h. M.[53] unter dem Gesichtspunkt der Rechtsnatur der begehrten Handlung und der Rechtsstellung des Anspruchsgegners. Dem Begriff des subjektiven öffentlichen Rechts[54] wird

---

[45] Siehe dazu: *Bachof*, Die verwaltungsgerichtliche Klage auf Vornahme einer Amtshandlung, 1951, S. 62 f.; *Wolff/Bachof*, Verwaltungsrecht Bd. I, S. 318 ff.

[46] *Wolff/Bachof*, Verwaltungsrecht Bd. I, S. 322.

[47] Siehe dazu: *Bachof*, Gedächtnisschrift für W. Jellinek, 1955, S. 288 ff.; *Dürig*, in: Maunz/Dürig/Herzog, Rdnr. 34 zu Art. 19 Abs. 4; *Obermayer*, Grundzüge, S. 34 f., 39; *ders.*, Art. Verwaltungsrecht, in: EvStL, Sp. 2796 ff.

[48] *E. R. Huber*, Wirtschaftsverwaltungsrecht, Bd. I, S. 683.

[49] Vgl. dazu *Bachof*, VVdStRL 12 (1954), S. 75.

[50] *Bachof*, Gedächtnisschrift für W. Jellinek, 1955, S. 296 ff.

[51] *Bartlsperger*, Das Dilemma des baulichen Nachbarrechts, VerwArch 60 (1969), S. 48.

[52] *E. R. Huber* (Wirtschaftsverwaltungsrecht, Bd. I, S. 684 f.). Zum subjektiven öffentlichen Recht ebenso *Dürig*, in: Maunz/Dürig/Herzog, Rdnr. 37 zu Art. 19 Abs. 4; vgl. auch *Forsthoff*, Verwaltungsrecht Bd. I, S. 187; *Bachof*, Gedächtnisschrift für W. Jellinek, 1955, S. 303; *Obermayer*, Grundzüge, S. 39; BVerfGE 15, 281 f.

[53] Siehe dazu die Zusammenstellung bei *Forsthoff*, Verwaltungsrecht Bd. I, S. 186 FN 1.

jeder öffentlich-rechtliche Anspruch auf ein Tun, Dulden oder Unterlassen zugerechnet, der einem Rechtsträger einem Hoheitsträger[55] gegenüber eingeräumt ist[56]. Als subjektive private Rechte werden dagegen alle privatrechtlichen Ansprüche bezeichnet, die Rechtsträgern gegenüber Privatrechtssubjekten oder Hoheitsträgern zustehen[57].

Soweit das subjektive private Recht lediglich auf die Einhaltung von Normen gerichtet ist, die der Anspruchsgegner bei seinem Verhalten gegenüber dem geltend gemachten Anspruch zu beachten hat, gehört es dem formellen Recht an. Dagegen ist das materielle subjektive private Recht auf ein bestimmtes Verhalten selbst gerichtet.

b) *Der Anspruch auf Aufnahme in privilegierte Interessenverbände als materielles subjektives privates Recht*

Die Interessenverbände sind, auch soweit die institutionell oder verfahrensmäßig an der Willensbildung des Staates beteiligt sind, Rechtssubjekte des Privatrechts. Daran vermag die „öffentliche" Stellung, die diesen Organisationen zukommt, nichts zu ändern. Beitritt und Aufnahme durch den Verband erfolgen durch privatrechtliche Willenserklärungen. Die Mitgliedschaft wird durch privatrechtlichen Vertrag erworben. Ein subjektives Recht auf Aufnahme in einen privilegierten Interessenverband kann deshalb nur privatrechtlicher Natur sein. Da Inhalt des Anspruchs die unbedingte, vom Ermessen des Verbandes unabhängige Aufnahme und nicht nur die Beachtung der die Aufnahme regelnden Satzungsbestimmungen ist, handelt es um ein materielles, nicht nur um ein formelles subjektives Recht.

---

[54] Zum Begriff des subjektiven öffentlichen Rechts siehe grundlegend: *G. Jellinek*, System der subjektiven öffentlichen Rechte, 1905, Neudruck 1963; *Bühler*, Die subjektiven öffentlichen Rechte und ihr Schutz in der deutschen Verwaltungsrechtsprechung, 1914; W. *Henke*, Das subjektive öffentliche Recht, 1968. Vgl. auch: *Bachof*, Die verwaltungsrechtliche Klage auf Vornahme einer Amtshandlung, 1951, S. 62 ff.; *dens.*, Gedächtnisschrift für W. Jellinek, 1955, S. 287 ff.; *dens.*, VVdStRL 12 (1954), S. 72 ff.; *Forsthoff*, Verwaltungsrecht Bd. I, S. 190; *Wolff/Bachof*, Verwaltungsrecht Bd. I, S. 318 ff.; *Obermayer*, Grundzüge, S. 34 f.; *dens.*, Art. Verwaltungsrecht, in: EvStL, Sp. 2799 f.

[55] Subjektive öffentliche Rechte können ausnahmsweise auch Private verpflichten, wenn diese Partner eines verwaltungsrechtlichen Vertrages sind.

[56] Auf die Fülle der noch immer offenen dogmatischen Fragen — v. a. verfassungsrechtlicher Art — im Zusammenhang mit dem subjektiven öffentlichen Recht kann hier nicht eingegangen werden. Siehe dazu insbes. *Bartlsperger*, VerwArch 60 (1969), S. 47 ff.; *dens.*, DVBl 70, 30 ff.

[57] Zum Begriff des subjektiven privaten Rechts siehe *Enneccerus/Nipperdey*, Allgemeiner Teil des Bürgerlichen Rechts, 1. Halbband, 15. Aufl. 1959, § 72 (S. 428ff.).

c) Die Rechtsgrundlagen für ein materielles subjektives privates Recht auf Aufnahme

(1) Das demokratische Prinzip

Als Rechtsgrundlage für die objektive Verpflichtung der privilegierten Interessenverbände zur Aufnahme von Bewerbern, die die satzungsmäßigen Voraussetzungen erfüllen, ist oben[58] das demokratische Prinzip ermittelt worden. Als verfassungsgestaltende Grundentscheidung über die Organisation der staatlichen Willensbildung und die Legitimation der Staatsgewalt enthält das demokratische Prinzip des Grundgesetzes objektives (Verfassungs-)Recht, das die Staatsorgane und in eng begrenzten Ausnahmefällen auch staatsfremde intermediäre Gewalten bindet. Subjektive Berechtigungen können aus dem demokratischen Prinzip allein nur insoweit hergeleitet werden, als diese dem Begriff der Demokratie immanent sind. So steht dem Staatsvolk als Gesamtheit das subjektive öffentliche Recht auf Unverletzlichkeit seiner inneren Souveränität zu. Dem einzelnen werden durch das demokratische Prinzip die „aktiven staatsbürgerlichen Rechte“[59] auf Teilnahme an Wahlen und Abstimmungen gewährt, die Art. 20 Abs. 1 Satz 2 GG zur Klarstellung erwähnt. Darüber hinausgehende subjektive Rechte gewährt das demokratische Prinzip nicht, insbesondere stellt es keine Rechtsgrundlage für die Geltendmachung privatrechtlicher Ansprüche gegenüber einem Privatrechtssubjekt dar.

(2) Die Grundrechte

(a) Grundrechte und Privatrecht

Den Grundrechten — insbesondere den demokratischen Grundrechten der Art. 5 Abs. 1, 8 und 9 Abs. 1 GG — kommt eine Gewährleistungsfunktion für die Verwirklichung des demokratischen Prinzips zu. Diese räumen dem einzelnen den Freiheitsraum ein, den er zur Mitwirkung an dem der demokratischen Willensbildung des Staates vorgelagerten Prozeß der Willensbildung des Volkes bedarf. Die Tatsache, daß der Freiheitsraum des einzelnen nicht nur Beschränkungen durch die staatliche Gewalt, sondern in zunehmendem Maße auch durch Träger sozialer und wirtschaftlicher Macht unterliegt, hat die Frage aufgeworfen, ob die den Grundrechtsgewährleistungen korrespondierenden Rechtspflichten nur den Staat oder auch den Mitbürger bzw. gesellschaftliche Verbände treffen können.

Eine Antwort auf diese Frage ist zunächst mit der Lehre von der sogenannten „Drittwirkung“ der Grundrechte[60] versucht worden. Nach Auf-

---

[58] S. 100 f.

[59] *Maunz,* in: Maunz/Dürig/Herzog, Rdnr. 35 zu Art. 20.

[60] Siehe dazu die Zusammenstellung bei *Dürig,* in: Maunz/Dürig/Herzog, Rdnr. 126 FN 1 (VI zu Art. 1 Abs. 3 GG) und insbesondere die Monographien

fassung ihres Begründers *Nipperdey*[61] kommt einer Reihe von Grundrechten der Charakter von Grundsatznormen für die gesamte Rechtsordnung zu, die den Privatrechtsverkehr unmittelbar binden (unmittelbare Drittwirkung)[62]. Nach *Dürig*[63] entfalten die Grundrechte ihre Wirkung auf die Privatrechtsordnung mittelbar „über die wertausfüllungsbedürftigen Begriffe und Generalklauseln des Privatrechts" (mittelbare Drittwirkung).

Die Drittwirkungslehre ist weniger wegen ihrer Konsequenzen für die Rechtsanwendung als vielmehr wegen ihres rechtsdogmatischen Ansatzes nach wie vor umstritten. So ist es zwar auch für *Bullinger*[64], der an die Stelle der Zuordnung allen Rechts zu einem öffentlich-rechtlichen und einem privatrechtlichen Rechtskreis ein „differenziertes Gemeinrecht" treten lassen will[65], nicht mehr denkbar, „von einer Automatik der Grundrechtsgeltung für öffentlich-rechtliches Handeln und der Nichtgeltung der Grundrechte für privatrechtliches Handeln auszugehen"[66]. Er wendet sich aber auch gegen die „schematische" Lösung einer Drittwirkung der Grundrechte für den Privatrechtsverkehr und schlägt statt dessen für jedes Grundrecht die Prüfung vor, für welche Lebens- und Rechtsbeziehungen und in welcher Weise es sinngemäß gelten soll[67].

Gegen die Ausrichtung der Lehre von der Drittwirkung an dem Dualismus zwischen öffentlichem und privatem Recht spricht sich auch *Schwabe*[68] aus: Da im Rechtsstaat jeder von einem Privaten ausgelöste Eingriff (auch der auf Vertrag beruhende Leistungsbefehl an den Schuldner) auf der in den Gesetzen manifestierten Rechtsmacht des Staates beruhe[69] und damit auch jede Grundrechtsbeeinträchtigung durch Private letztlich stets von der staatlichen Rechtsmacht herrühre[70], seien alle Beeinträchtigungen gemäß Art. 1 Abs. 3 GG an den Grundrechten zu messen[71]. Die Frage der Zulässigkeit der Drittwirkung werde damit zu einem Scheinproblem[72].

---

von *G. Hueck* (Der Grundsatz der gleichmäßigen Behandlung im Privatrecht, 1958), *Leisner* (Grundrechte und Privatrecht, 1960) und *Nipperdey* (Grundrechte und Privatrecht, 1961).

[61] Grundrechte und Privatrecht, S. 14 und passim.

[62] Vgl. auch BAGE 1, 191 ff.

[63] *Dürig*, in: Maunz/Dürig/Herzog, Rdnr. 132 zu Art. 1 Abs. 3. Ähnlich auch das Bundesverfassungsgericht im „Lüth"-Urteil (BVerfGE 7, 205).

[64] Öffentliches Recht und Privatrecht, 1968.

[65] Öffentliches Recht und Privatrecht, S. 81.

[66] Öffentliches Recht und Privatrecht, S. 87.

[67] Öffentliches Recht und Privatrecht, S. 88 f.

[68] Die sogenannte Drittwirkung, 1971.

[69] Die sogenannte Drittwirkung, S. 16, 17, 18, 20.

[70] Die sogenannte Drittwirkung, S. 26.

[71] Die sogenannte Drittwirkung, S. 26.

[72] Die sogenannte Drittwirkung, S. 157.

Obermayer wendet sich gegen diese staatstheoretisch nicht hinreichend abgesicherte Relativierung der Unterscheidung zwischen öffentlichem und privatem Recht[73]. Auch nach seiner Auffassung ist die Geltung der Grundrechtsbestimmungen im Privatrecht „nicht mehr auf eine Abstützung durch die Drittwirkungs-Theorie angewiesen". Diese ergebe sich vielmehr aus der „Qualifikation der Verfassung als Normenkomplex, der das gesamte innerstaatliche Recht beherrscht" sowie „dem Charakter der Grundrechtsnormen, die (formal) im Stufenbau des staatlichen Rechts den höchsten Rang einnehmen und (substantiell) die fundamentalen Wertentscheidungen enthalten"[74].

Diese Kritik macht deutlich, wie fest die Lehre von der Drittwirkung der Grundrechte überkommenen Denkkategorien der allgemeinen Rechtslehre verhaftet ist. Die Frage nach dem Ob und Warum einer Geltung der Grundrechte im Privatrecht läßt sich auf der Grundlage eines modernen Verfassungsverständnisses wesentlich leichter beantworten. Die Hilfskonstruktion der Lehre von der Drittwirkung ist heute nicht mehr notwendig. Das bleibende Verdienst dieser Lehre ist es jedoch, eine (vermeintliche) Rechtsschutzlücke im Privatrechtsverkehr bewußt gemacht und die Bedingungen für ihre Ausfüllung durch die Grundrechte aufgestellt zu haben. Insoweit sind ihre Ergebnisse für die Rechtsanwendung auch weiterhin unentbehrlich.

Die Lehre von der Zulässigkeit der sogenannten Drittwirkung der Grundrechte wird der Komplexität des Problems der Beeinträchtigung des individuellen Freiheitsraums durch soziale Gewalten auch nicht vollständig gerecht. *Scholz*[75] weist mit Recht darauf hin, daß es neben der Drittwirkung als innergesellschaftliche Folge der Grundrechtsausübung eine tatsächliche „Drittrichtung" der Grundrechte gibt, die auf das horizontale Verhältnis der Bürger untereinander einwirkt.

(b) Der Grundsatz der Gleichbehandlung (Art. 3 Abs. 1, 3 GG)

Eine unmittelbare Geltung des Gleichbehandlungsgrundsatzes im gesellschaftlichen Bereich ist mit der h. M. abzulehnen[76]. Die absolute Gel-

---

[73] Grundzüge, S. 5 f. *Obermayer*, Grundzüge, S. 5, hält Bullinger zu Recht entgegen, daß es seiner Lehre an einer staatstheoretischen Begründung mangele. Er habe es versäumt, sich mit dem von Schrifttum und Rechtsprechung verwendeten Kriterium für die Zuordnung eines Rechtsverhältnisses zum öffentlichen Recht, dessen Bezogenheit auf die öffentliche Gewalt, auseinanderzusetzen.

[74] *Obermayer*, in: Bonner Kommentar, Zweitbearbeitung, Rdnr. 59 zu Art. 140; *ders.*, Grundzüge, S. 5 und BayVBl 66, 399.

[75] Koalitionsfreiheit, S. 79.

[76] Siehe dazu zuletzt *Dürig*, in: Maunz/Dürig/Herzog, Rdnrn. 505 ff. zu Art. 3 Abs. 1. Vgl. auch *Salzwedel*, Gleichheitsgrundsatz und Drittwirkung, in: Festschrift für Hermann Jahrreiß, 1964, S. 339 ff.

tung des Gleichheitssatzes im Privatrechtsverkehr würde zu einer Vernichtung jeglicher Art menschlicher Entfaltungsfreiheit führen[77] und damit den Sinn des Grundsatzes der Gleichhandlung verfehlen. Die Gleichheit hat gegenüber der Freiheit nur dienende Funktion[78]. Ihre Aufgabe ist es, die Bedingungen herzustellen, in denen dem einzelnen die freie Entfaltung seiner Persönlichkeit möglich ist. Die Grenzen dieses Freiraumes werden dort gezogen, wo die verfassungsrechtlich geschützten Rechte anderer beeinträchtigt zu werden drohen. Die Privatrechtsordnung enthält generalklauselartige Vorschriften (z. B. §§ 138, 242, 826 BGB; §§ 26 Abs. 2, 27 GWB), die die Überwältigung des sozial oder wirtschaftlich Schwächeren durch die schrankenlos gebrauchte Freiheit des Stärkeren verhindern sollen. Zur inhaltlichen Konkretisierung dieser Normen hat die Lehre von der mittelbaren Drittwirkung des Gleichheitsgrundsatzes maßgeblich beigetragen[79]. Als ihr Ergebnis hat sich ein System von privatrechtlichen Gleichbehandlungsgrundsätzen entwickelt, die einerseits die Privatautonomie in ihrem Kernbereich unangetastet lassen, andererseits aber sicherstellen, daß der zur Verwirklichung seines Rechts auf freie Entfaltung der Persönlichkeit auf die Leistungen anderer angewiesene einzelne, nicht deren Willkür ausgeliefert ist. So gelten im Privatrecht Diskriminierungsverbote[80] und Kontrahierungsverpflichtungen zur Entschärfung faktischer oder rechtlicher Monopolstellungen[81].

Dieser privatrechtliche Gleichbehandlungsgrundsatz gewährt dem qualifizierten Bewerber ein subjektives privates Recht auf Aufnahme in einen Interessenverband, dem in dem von ihm betreuten Interessenbereich eine Monopolstellung zukommt. Darüber hinaus steht dem qualifizierten Bewerber ein Recht auf Aufnahme als Form des Schadensersatzes zu, wenn die Ablehnung der Aufnahme den Tatbestand der vorsätzlichen sittenwidrigen Schädigung (826 BGB) erfüllt. Dabei kommt dem Diskriminierungsverbot des Art. 3 Abs. 3 GG nur dann eine (mittelbare) anspruchsbegründende Bedeutung zu, wenn die Zugehörigkeit zum Kreis der Träger der in dieser Vorschrift aufgeführten Merkmale zum Grund der Ablehnung gemacht wird, ohne daß die Satzung die Mitgliedschaft in dem Verband gerade an dieses Merkmal anknüpft. Die Tatsache allein, daß der Interessenverband, dessen Mitgliedschaft angestrebt wird, institutionell der verfahrensmäßig an der Staatswillensbildung beteiligt ist, verschafft dem qualifizierten Bewerber über die mit-

---

[77] *Dürig*, in: Maunz/Dürig/Herzog, Rdnr. 507 zu Art. 3 Abs. 1.

[78] *Dürig*, in: Maunz/Dürig/Herzog, Rdnr. 135 zu Art. 3 Abs. 1.

[79] Siehe dazu insbes. *G. Hueck*, Der Grundsatz der gleichmäßigen Behandlung im Privatrecht, 1958.

[80] z. B. §§ 25, 26 Abs. 2 GWB i. d. F. vom 4. 4. 1974 (BGBl I, S. 869).

[81] Siehe dazu die Zusammenstellung bei *Palandt/Heinrichs*, Anm. 36, Einf. vor § 145.

telbare Drittwirkung des Gleichbehandlungsgrundsatzes kein subjektives Recht auf Aufnahme.

(c) Das Grundrecht der individuellen Vereinigungsfreiheit (Art. 9 Abs. 1 GG)

Die Gewährleistung der individuellen Vereinigungsfreiheit besitzt eine mittelbare Drittwirkung insofern, als sie bei der Auslegung der Generalklauseln des Privatrechts (z. B. § 826 BGB) zu berücksichtigen ist und in Einzelfällen[82] zu einem Aufnahmeanspruch des Bewerbers führen kann. Darüber hinaus entfaltet das Grundrecht der individuellen Vereinigungsfreiheit als Nutzungsfolge eine Drittrichtung, die ein Rechtsverhältnis zwischen den Grundrechtsträgern und dem Interessenverband als dem Medium des grundrechtlich geschützten Verhaltens begründet. Dieses wird inhaltlich bestimmt durch das im Grundrecht der individuellen Vereinigungsfreiheit angelegte subjektive private Recht des die Zulassungsvoraussetzungen erfüllenden Bewerbers auf freien Zugang zu einem Interessenverband, der in den ihn betreffenden Angelegenheiten an der Willensbildung des Staates verfahrensmäßig oder institutionell beteiligt ist.

Den demokratischen Grundrechten kommt neben aktiven staatsbürgerlichen Rechten die Aufgabe zu, durch gleichberechtigte Mitwirkung am Prozeß der Willensbildung des Volkes dem einzelnen gleiches Gewicht bei der demokratischen Willensbildung des Staates zu gewährleisten. Soweit interessenspezifisch organisierte soziale Gruppen an der Willensbildung des Staates unmittelbar beteiligt werden, bringt die Ablehnung der Aufnahme eines die Voraussetzungen erfüllenden Bewerbers und die Verweisung auf einen Konkurrenzverband, der nicht in gleicher Weise privilegiert ist oder das Recht auf Neugründung eines Interessenverbandes unter scheinbarer Wahrung gleicher Mitwirkungsrechte am Prozeß der gesellschaftlichen Willensbildung, eine ungleiche Minderung des Gewichts des Bewerbers bei der staatlichen Willensbildung in den ihn betreffenden Fragen mit sich. Der demokratische Aspekt der individuellen Koalitionsfreiheit enthält in diesen Fällen das subjektive öffentliche Recht gegenüber dem Staat, dem qualifizierten Bewerber den freien Zugang zu dem privilegierten Verband zu gewährleisten[83] und das subjektive private Recht gegenüber dem Interessenverband selbst, dem Aufnahmeantrag zu entsprechen.

---

[82] Siehe dazu oben, Anm. 39.

[83] Solange ein Verbändegesetz nicht besteht, das dem Staat die Rechtsaufsicht in bestimmten Fällen einräumt oder die Verbandsautonomie beschränkt, kann der Staat diesem Anspruch nur im Wege der Rechtskontrolle durch seine Gerichte auf Klage der Bewerber nachkommen. Als Muster für eine gesetzliche Regelung könnte in diesem Zusammenhang § 27 GWB dienen, der den Kartellbehörden unter bestimmten Voraussetzungen die Befugnis verleiht, auf Antrag eines Unternehmens die Aufnahme in eine Vereinigung anzuordnen.

Eine Kollision zwischen diesem subjektiven Recht und dem im Grundrecht des Verbandes auf kollektive Vereinigungsfreiheit angelegten Recht auf freie Gestaltung des Mitgliederbestandes[84] tritt nicht ein, da die Verbandsautonomie — wie oben[85] nachgewiesen — durch das demokratische Prinzip inhaltlich beschränkt ist und das kollektive Grundrecht als bloßes Ausübungsrecht dem Individualrecht untergeordnet ist.

II. Die demokratische Willensbildung in privilegierten Interessenverbänden

1. Die Einrichtung von Willensbildungsorganen

a) Versammlungsprinzip und Demokratie

(1) *Die Verbindung zwischen allgemeinem Versammlungsprinzip und Demokratie* ist unbestritten. Denn der Prozeß der demokratischen Willensbildung kann sich in Form der Versammlung der Willensträger am besten vollziehen: Die individuelle Meinungs- und Willensbildung ist auf die simultane Präsenz der unterschiedlichen Argumente in der Diskussion angewiesen. Dem Postulat der politischen Freiheit des einzelnen wird durch seine Mitwirkung in Person beim Zustandekommen der Willensbildungsakte objektiv und subjektiv besser entsprochen als durch Beteiligung an einem schriftlichen Verfahren. Die politische Gleichheit des Willenssubjektes bei der Willensbildung eines Gemeinwesens ist in der absoluten personellen Gleichheit einer Versammlung am besten durchgeführt. Hier sind, ein ordnungsgemäßes Verfahren vorausgesetzt, die Gleichberechtigung in der Meinungsäußerung und die Gleichgewichtigkeit der vorgebrachten Argumente beim Entscheidungsvorgang gewährleistet.

(2) *Das Versammlungsprinzip* wird den demokratischen Anforderungen an die Willensbildung in einem Gemeinwesen *in seinen verschiedenen Ausformungen* gerecht.

Die *Mitglieder*versammlung als die körperschaftliche Organisation der Gesamtheit der Angehörigen eines Gemeinwesens kommt dem Idealzustand freier und gleicher Mitwirkung formal am nächsten. Materielle politische Freiheit kann die personale Präsenz bei der Versammlung der Gesamtheit der Willenssubjekte jedoch nur gewähren, wenn auch die reale Chance der Ausübung von Mitwirkungsrechten besteht. Von materieller politischer Gleichheit kann nur dort gesprochen werden, wo die Gleichberechtigung in der Meinungsäußerung und die Gleichgewichtigkeit der Argumente nicht durch organisatorische Zwänge in Frage gestellt werden. Als Willenbildungsorgan genügt die Mitgliederversamm-

[84] *Scholz*, Koalitionsfreiheit, S. 150.

[85] S. 101.

lung demokratischen Anforderungen deshalb nur in Gemeinwesen von begrenzter Mitgliederzahl, in denen die Willensbildung ohne ein Übermaß an Organisation möglich ist oder in territorialen bzw. funktionalen Untergliederungen größerer Personenverbände. Dort ist sie aber auch die einzige Form des Versammlungsprinzips, die demokratischen Anforderungen gerecht wird.

Eine *Vertreter*versammlung wird den Anforderungen des demokratischen Prinzips dort besser gerecht, wo die Einrichtung der Mitgliederversammlung die materielle politische Gleichheit und Freiheit des einzelnen bei der Willensbildung eines Personalverbandes beeinträchtigen würde. Könnte der einzelne von seinem (formalen) Recht auf Mitwirkung am Willensbildungsprozeß wegen der großen Anzahl der daran gleichzeitig beteiligten Personen keinen freien Gebrauch mehr machen und würden Gleichberechtigung und Gleichwertigkeit der Argumente in der Diskussion durch Organisationsnormen in Frage gestellt, verschafft die Vorformung des Willens durch Wahl von Delegierten nach territorialen oder funktionalen Gesichtspunkten ein größeres Maß an Teilhabe des einzelnen. Diese Form der Repräsentation[86] durch ein Vertretungsorgan gibt dann die Summe des Willens aller Willensträger am besten wieder. Voraussetzung ist jedoch, daß die Vertreterversammlung ihrerseits demokratisch legitimiert ist: Ihre Mitglieder müssen in allgemeiner, gleicher und freier Wahl auf Zeit bestimmt sein[87].

b) Das Versammlungsprinzip und die Verfassung privilegierter Interessenverbände

Die Geltung des mit der Demokratie verbundenen Versammlungsprinzips für die Verfassung privilegierter Interessenverbände ist unabdingbar. Die Mitwirkung von Interessenverbänden bei der Willensbildung des Staates trägt nur dann zur Verwirklichung des demokratischen Prinzips bei, wenn allen Mitgliedern dieser Organisation die freie und gleichberechtigte Teilhabe an der Meinungs- und Willensbildung des Verbandes offensteht. Dies ist nur gewährleistet, wenn die Verfassung des Verbandes die Versammlung aller Mitglieder als oberstes Verbandsorgan verankert. Die Einrichtung von Vertreterversammlungen an deren Stelle ist nur zulässig, wenn durch die Größe der Mitgliederzahl die freie und gleichberechtigte Mitwirkung aller Verbandsmitglieder an der Willensbildung im Rahmen einer Mitgliederversammlung nicht mehr gewährleistet wäre[88]. Sie ist geboten, wenn die Organisation des Verbandes

[86] Der Begriff der Repräsentation wird hier als „technischer Kunstgriff" zur Verwirklichung des demokratischen Gedankens verstanden. Gegen dieses Verständnis ausdrücklich *Herb. Krüger*, Allg. Staatslehre, S. 234 ff. Zum Problem der Repräsentation siehe grundlegend *Leibholz*, Das Wesen der Repräsentation, 1929; vgl. auch *dens.*, Art. Repräsentation, in: EvStL, Sp. 2194 ff.

[87] Siehe dazu unten, III.

die Gliederung in territoriale Einheiten (Ortsgruppen, Landesverbände) oder funktionale Gruppierungen vorsieht. Das Repräsentativorgan ist in diesen Fällen im Verhältnis der Mitglieder der repräsentierten Untergliederungen[89] im Wege der allgemeinen, gleichen und freien Wahl zu besetzen.

c) *Die demokratische Ordnung der Verbandsversammlung*

(1) Der wichtigste Garant für die demokratische Willensbildung des Verbandes ist das *Selbstversammlungsrecht der Mitglieder*. Die Bindung der Verbandsexekutive an den Willen der Verbandsmitglieder ist nur gewährleistet, wenn in der Verbandsverfassung das Recht eines bestimmten Mitgliederquorums[90] vorgesehen ist, die Einberufung der Verbandsversammlung (Mitglieder- oder Vertreterversammlung) zu beantragen. Das Vereinsrecht des Bürgerlichen Gesetzbuches (§§ 37, 40 BGB) sieht dieses Selbstversammlungsrecht zwingend vor. Auch für die Verfassung privilegierter Interessenverbände ist es eine unabdingbare Forderung. Dem demokratischen Grundsatz der Maßgeblichkeit des Willens der Gesamtheit der Mitglieder ist durch die demokratische Wahl der Verbandsvertreter und einen durch die Satzung garantierten regelmäßigen Zusammentritt der Verbandsversammlung noch nicht Rechnung getragen. Die jederzeitige Aktionsfähigkeit dieses Verbandsorgans ist nur sichergestellt, wenn der Zusammentritt nach Bedarf und auf Initiative der Mitglieder möglich ist[91].

(2) *Die Kompetenzen der Verbandsversammlung* ergeben sich aus dem demokratischen Grundsatz, daß für die Willensbildung eines Gemeinwesens nur der aus der Vielzahl der Individualwillen entstehende Gesamtwille seiner Mitglieder maßgeblich sein kann. Für die Zuständigkeit der Mitgliederversammlung besteht deshalb eine Vermutung[92]. Unbe-

---

[88] Die territoriale oder funktionale Gliederung privilegierter Interessenverbände (erstere sieht § 7 PartG für die politischen Parteien zwingend vor) ist keine unmittelbare Forderung des demokratischen Prinzips. Eine mittelbare Verpflichtung hierzu ergibt sich jedoch aus dem demokratischen Gebot, den Verbandsmitgliedern das größtmögliche Maß an Mitwirkung bei der Willensbildung des Verbandes zu verschaffen (vgl. § 7 PartG). Die Organisationsfreiheit dieser Verbände wird durch das demokratische Prinzip insoweit eingeschränkt.

[89] Dies ist der einzige, mit dem demokratischen Prinzip zu vereinbarende Anknüpfungspunkt. Die Regelung des § 13 PartG, wonach (höchstens) die Hälfte der Delegierten auch im Verhältnis der bei vorausgegangenen Wahlen zu den Volksvertretungen auf die Gebietsverbände entfallenden Stimmen verteilt werden darf, erscheint verfassungsrechtlich bedenklich. Ebenso *W. Henke*, Parteien, S. 45 f.

[90] Da das Institut des Selbstversammlungsrechts auch dem Schutz der Verbandsminderheit dient, darf dieses Quorum nicht die Hälfte der Mitglieder oder mehr betragen.

[91] Das Parteiengesetz sieht ein Selbstversammlungsrecht nicht vor. Dagegen mit Recht *W. Henke*, Parteien, S. 84.

[92] Vgl. § 32 BGB und für die Parteien *W. Henke*, Parteien, S. 49.

dingt vorbehalten sind ihr das Recht der Satzungsänderung, die Richtlinienkompetenz[93] und die Befugnis, die Verbandsorgane zu wählen. Im Rahmen einer von der Mitgliederversammlung beschlossenen Geschäftsordnung muß gewährleistet sein, daß jedes Mitglied ordnungsgemäß zu den Sitzungen geladen wird und in der Sitzung zur Sache sprechen oder Anträge stellen kann[94]. Die Versammlung hat außerdem das Recht, Rechenschaft über die Tätigkeit der Verbandsführung zu verlangen.

2. Die freie und gleichberechtigte Mitwirkung der Mitglieder an der Willensbildung des privilegierten Interessenverbandes

a) Das Mehrheitsprinzip

(1) Mehrheitsprinzip und Demokratie

(a) *Das Verhältnis von allgemeinem Mehrheitsprinzip und Demokratie* ist umstritten[95]. Während eine Reihe von Autoren die Mehrheitsentscheidung ohne weiteres den demokratischen Grundsätzen zuschlägt[96], wird von anderen die Behauptung, das Mehrheitsprinzip sei eine Besonderheit oder gar eine begriffsnotwendige Folge der Demokratie, zurückgewiesen[97].

Das Verhältnis von Mehrheitsprinzip und Demokratie bedarf einer differenzierten Betrachtung. Richtig ist, daß die Geltung des Mehrheitsprinzips als Methode zur Herbeiführung einer verbindlichen Entscheidung nicht an die gleichzeitige Geltung des demokratischen Prinzips gebunden ist. Fraglich ist jedoch, ob zur Umsetzung des materiellen Gehalts der demokratischen Idee in die politische Wirklichkeit das Mehrheitsprinzip notwendig ist, der Gesamtwille einer organisierten Vielheit von Willenssubjekten also nur durch die Feststellung des numerischen Gewichts der Einzelmeinungen und der Ausstattung der Mehrheitsmeinung mit Geltungskraft festgelegt werden kann.

Das demokratische Prinzip verlangt die Gewährleistung der arithmetischen Gleichheit und der politischen Gleichgewichtigkeit der Stimme des einzelnen im Prozeß der Willensbildung des Volkes. Diese Forderung wird *absolut* nur bei Geltung des Einstimmigkeitsprinzips erfüllt, da nur

---

[93] Die Mitgliederversammlung hat damit das Recht, die Grundzüge der Verbandspolitik zu bestimmen. Zum Verhältnis von Richtlinienkompetenz und demokratischer Legitimation der Verbandsvertreter siehe unten, III.

[94] Vgl. § 15 Abs. 3 PartG und W. *Henke*, Parteien, S. 49.

[95] Siehe dazu zuletzt *Fach*, Demokratie und Mehrheitsprinzip, in: Archiv für Rechts- und Sozialphilosophie 61 (1975), S. 201 ff.

[96] *Maunz*, in: Maunz/Dürig/Herzog, Rdnr. 32 zu Art. 20; Rdnr. 58 zu Art. 21; *Schüle*, Festgabe für Smend, 1952, S. 339; *Jahrreiß*, Festschrift für Thoma, 1950, S. 74, 88; *Leibholz*, Strukturprobleme, S. 150.

[97] *Herzog*, Art. Mehrheitsprinzip, in: EvStL, Sp. 1547.

auf diese Weise der politische Wille eines jeden am Prozeß der Willensbildung des Volkes Beteiligten in politische Aktion umgesetzt wird[98]. Dieser Idealzustand ist jedoch in der politischen Praxis nicht erreichbar und überdies undemokratisch. Denn er opfert um der radikalen Verwirklichung eines (zwar wesentlichen) materiellen Aspektes der Demokratie willen die Durchsetzung der demokratischen Idee selbst.

Als praktisch durchführbar erweist sich damit allein das Mehrheitsprinzip. Dieser Grundsatz erhält demokratische Qualität und damit Geltung, weil er jedem Willenssubjekt die gleiche Chance der Durchsetzung[99] und der größtmöglichen Zahl von Willensträgern das Gefühl vermittelt, „nur dem eigenen Willen unterworfen zu sein"[100]. So gewährt das Mehrheitsprinzip innerhalb der Demokratie die größtmögliche Übereinstimmung von Individualwillen und Gemeinwillen und damit das höchste Maß an politischer Gleichheit. Die Rechtfertigung der Geltung des Mehrheitsprinzips ergibt sich dagegen nicht aus der inhaltlichen Qualität der Entscheidung. Denn Sachgerechtigkeit, Gerechtigkeit und Vernunft einer demokratischen Entscheidung sind keine Essentialia ihrer Verbindlichkeit[101].

b) Einigkeit besteht darüber, daß ein *Zusammenhang zwischen den verschiedenen Ausformungen des Mehrheitsprinzips und dem demokratischen Prinzip* nicht besteht. Die Wahl zwischen den möglichen Abstimmungsarten, die sich in der Höhe der ausschlaggebenden Stimmenquote (relative, absolute und qualifizierte Mehrheit) und der Bezugszahl dieser Quote (Mitglieder-, Anwesenden- und Abstimmendenmehrheit)[102] unterscheiden, ist vielmehr von der Bedeutung der Entscheidung und der Praktikabilität bestimmt[103].

(2) Das Mehrheitsprinzip und die Verfassung privilegierter Interessenverbände

Mit dem Nachweis der demokratischen Qualität des Mehrheitsprinzips ist die Verbindlichkeit dieses Grundsiatzes für die Binnenstruktur von privilegierten Interessenverbänden noch nicht begründet. Denn — wie

---

[98] *Herzog*, Art. Mehrheitsprinzip, in: EvStL, Sp. 1547.

[99] *Herzog*, Art. Mehrheitsprinzip, in: EvStL, Sp. 1547.

[100] *Leibholz*, Strukturprobleme, S. 151; *ders.*, VVdStRL 29 (1971), S. 194 (Diskussion); *Hesse*, Grundzüge, S. 63 f.

[101] Ebenso: *Kägi*, Festschrift für Giacometti, 1953, S. 139 f.; *Hesse*, Grundzüge, S. 63 f. Dagegen sprechen *Leibholz* (Strukturprobleme, S. 151), *Kriele* (VVdStRL 29 - 1971 - 107) und *Scholz* (Koalitionsfreiheit, S. 378) dem demokratischen Mehrheitsprinzip unter bestimmten Voraussetzungen die Tendenz zur Qualität der Entscheidung zu.

[102] Siehe dazu *Herzog*, Art. Mehrheitsprinzip, in: EvStL, Sp. 1548.

[103] Vgl. dazu die Regelung in § 15 Abs. 1 PartG, wonach grundsätzlich Beschlußfassung mit einfacher Stimmenmehrheit vorgeschrieben ist, soweit nicht Gesetz oder Satzung erhöhte Stimmenmehrheit vorschreiben.

oben[104] nachgewiesen — ist mit dem Postulat der Geltung des demokratischen Prinzips die ausnahmslose Anwendung aller Grundsätze der (politischen) Demokratie nicht verbunden. Die Verbandsverfassung unterliegt demokratischen Anforderungen nur insoweit, als dies zur Gewährleistung einer demokratischen Willensbildung des Staates notwendig ist.

Scholz[105] lehnt die Geltung des (materiellen) politisch-demokratischen Mehrheitsprinzips für das Verbandswesen allgemein und die Koalition im besonderen ab. Das die koalitionsmäßige Kommunikationsfreiheit gewährleistende Grundrecht des Art. 9 Abs. 3 GG schließe eine demokratische Ordnungspflicht (nach dem Vorbild des Art. 21 Abs. 1 Satz 3 GG) bereits allgemein aus[106]. Die Binnenstruktur des Koalitionsverbandes müsse sich daher an den Maßstäben der „freiheitlichen Kommunikationsverfassung" ausrichten. Diese gebiete die Gewährleistung des Rechts eines jeden Koalitionsmitglieds auf *„gleiche Teilhabe* an innerverbandlicher Kommunikation und verbandsmäßiger Organbildung". Der Grundsatz der gleichen Teilhabe an der innerverbandlichen Willensbildung sei jedoch nicht ausschließlich i. S. arithmetischer Gleichheit zu verstehen. Dieser habe nur für die „verbandsmäßige Organbildung"[107] Gültigkeit. Im Bereich der „koalitionsmäßigen Konsensbildung" sei eine schematische Gleichbehandlung aller gruppenmäßig vertretenen Interessen dagegen nicht erlaubt, da dessen Ziel nicht der „quantitative Interessenproporz" sondern der „qualitativ beschaffene Interessenausgleich" sei. Das System der *„kommunikationsrechtlichen Verbandsorganisation"* unterscheide sich danach maßgeblich vom *„System der demokratischen Verbandsorganisation"* i. S. des Art. 21 Abs. 1 Satz 3 GG, deren Grundsätze auch nicht über die Formel von der *„Verbandsdemokratie"* auf den Bereich der freiheitlichen Konsensverfassung übertragen werden dürften[108]. Denn das demokratische Mehrheitsprinzip suche seine Legitimation in der Quantität, das Konsensprinzip dagegen in der Qualität. Deshalb besitze das demokratische Mehrheitsprinzip im Bereich der Kommunikationsverfassung keinen Verfassungsrang. Als „bloße *Methode* zur (statistischen) Ermittlung bestimmter Willensverhältnisse", die keine „(konstitutionelle) Richtigkeitsgewähr"[109] für sich in Anspruch nehme, könne das Mehrhetisprinzip auch außerhalb der politischen Demokratie und damit innerhalb der koalitionsmäßigen Verbandsorganisation zur Anwendung kommen[110].

---

[104] Abschn. A III.
[105] Koalitionsfreiheit, S. 374 ff.
[106] Koalitionsfreiheit, S. 374.
[107] Koalitionsfreiheit, S. 375.
[108] Koalitionsfreiheit, S. 376.
[109] Koalitionsfreiheit, S. 377.
[110] Koalitionsfreiheit, S. 378.

Diese Auffassung überzeugt nicht. Es wurde bereits nachgewiesen, daß ein Verbot demokratischer Ordnung für (privilegierte) Interessenverbände aus den Grundrechten der kollektiven Vereinigungs- und Koalitionsfreiheit nicht hergeleitet werden kann[111]. Zwar ist zuzugeben, daß dem Einigungsprinzip bei der Willensbildung der Verbände eine hervorragende Bedeutung zukommt. Ausgleich und Verständigung als Mittel der Herbeiführung größtmöglicher politischer Freiheit und Gleichheit im Prozeß der politischen Willensbildung des Zwangsverbandes „Staat" sind in einem auf freiem Zugang und gemeinem Interesse basierenden Verband, in dem es zwar „zahlreiche relative Gegensätze, aber keinen grundsätzlichen und unüberbrückbaren Gegensatz gibt", erst recht aufgegeben[112]. Dem Kompromiß als „*Möglichkeit,* zur gemeinsamen Lösung einer schwebenden Frage zu kommen"[113], erwächst seine Geltungskraft aus seiner demokratischen Qualität. Die Verpflichtung zur Einigung erlischt jedoch, wenn sie zur Entscheidungsunfähigkeit und damit zum Immobilismus eines auf Sachentscheidung und Aktion angelegten Verbandes führt[114]. Dies gilt jedenfalls für (privilegierte) Interessenverbände, denen die institutionelle oder verfahrensmäßige Mitwirkung am Prozeß der Willensbildung des Staates eingeräumt ist. Denn diese Organisationen stehen unter dem Zwang zur Entscheidung über einen verbandlichen, artikulierbaren Gesamtwillen. Hier spielt das Mehrheitsprinzip seine legitime Rolle in der demokratischen Willensbildung, und zwar nicht lediglich als „Verfahrenstechnik"[115], sondern als materieller Geltungsgrund von demokratischer Qualität.

b) *Das Recht auf innerverbandliche Opposition*

(1) Der Begriff der politischen Opposition[116]

(a) Politische Opposition *als Prozeß* bezeichnet das ständige Bemühen der Minderheitsgruppe in einem Gemeinwesen, durch Kritik und das Aufzeigen sachlicher wie persönlicher Alternativen eine Änderung der Mehrheitsverhältnisse und schließlich eine Ablösung der Führungsspitze herbeizuführen.

(b) Im Sinne einer *Institution*[117] wird politische Opposition verstanden, wenn in ihr die — jedenfalls teilweise — organisierte Gesamtheit der-

[111] Vgl. oben I.

[112] *Hesse,* Grundzüge, S. 58.

[113] *Schüle,* Festgabe für Smend, 1952, S. 328.

[114] *Hesse,* Grundzüge, S. 58 und *Schüle,* Festgabe für Smend, 1952, S. 328.

[115] *Scholz,* Koalitionsfreiheit, S. 378.

[116] Der Begriff der politischen Opposition wird von der politischen Wissenschaft, aber auch von den Vertretern der allgemeinen Staatslehre und des Staatsrechts stiefmütterlich behandelt. Siehe dazu: *Kluxen,* Das Problem der politischen Opposition, 1956, *ders.* (Hg.), Parlamentarismus, 1967, S. 203 ff.

jenigen Personen und Gruppen gesehen wird, die, mit politischen Mitwirkungs-, Antrags- und Kontrollrechten ausgestattet und teilweise als Verfassungsorgan anerkannt[118], die Politik der Mehrheit bekämpft.

(2) Politische Opposition und Demokratie

(a) Die durch das demokratische Prinzip geforderte *politische Freiheit* des einzelnen, an der politischen Willensbildung des Gemeinwesens mitzuwirken, besteht nicht in der Summe von temporären Mitwirkungsrechten, die mit dem Entscheid über den jeweiligen Gegenstand der Willensbildung erlöschen. Die politische Freiheit des einzelnen enthält vielmehr das Recht, sich in jedem Stadium am stetigen Prozeß der Willensbildung des Gemeinwesens zu beteiligen. Steht dem einzelnen vor der Entscheidung das — grundrechtlich durch Art. 5 Abs. 1 GG geschützte — Recht der Meinungsäußerung zu, mit dem Ziel, die Meinungsbildung zu beeinflussen, so muß ihm nach dem Beschluß der Willensbildungsorgane und dessen Vollzug durch die Führungsspitze die Befugnis zur Kritik verbleiben[119].

b) Die *politische Gleichheit* der Willenssubjekte eines Gemeinwesens ist bei Geltung des demokratischen Mehrheitsprinzips nur gewährleistet, wenn auch den Angehörigen einer Minderheitengruppe vor Abstimmungen der Willensbildungsorgane das Recht auf Sachinformation[120] und Antragstellung und den bei der Beschlußfassung Unterlegenen die Befugnis zugebilligt wird, die abgelehnte Ansicht weiter zu vertreten.

(3) Die politische Opposition und die Verfassung privilegierter Interessenverbände

(a) Der *Prozeß* der politischen Opposition muß (durch die Verbandsverfassung) auch in privilegierten Interessenverbänden gewährleistet sein. Die institutionelle oder verfahrensmäßige Beteiligung von Interessenverbänden an der Staatswillensbildung ist mit dem demokratischen Prinzip nur vereinbar, wenn *sämtlichen* Mitgliedern die Chance freier und gleichberechtigter Mitwirkung am Prozeß der Willensbildung des Verbandes eingeräumt wird. Diese Forderung ist nur zu verwirklichen, wenn der innerverbandliche Willensbildungsprozeß in jedem Stadium offen gehalten wird. Der Ausschluß von Verbandsminderheiten von den

[117] In institutionalisierter Form kommt sie als „parlamentarische Opposition" vor. Vgl. dazu *Herzog*, Art. Parlamentarisches System, in: EvStL, Sp. 1769 f.

[118] Siehe dazu Art. 23 a Hamburger Verfassung vom 17. 2. 1971, in der die Opposition ausdrücklich als „ein wesentlicher Bestandteil der parlamentarischen Demokratie" anerkannt wird.

[119] Zu den Grenzen dieses Rechts siehe unten, (5).

[120] Das Recht auf Opposition stellt sich damit als eine besondere Form des Minderheitenschutzes dar.

Entscheidungsvorbereitungen durch Vorenthalten von Informationen und Verweigerung des Rechts auf Alternativvorschläge, sowie das Verbot der Kritik an der getroffenen Entscheidung und der weiteren Propagierung der unterlegenen Ansicht, führt zur ständigen Usurpation des Prozesses der Willensbildung durch eine zufällig zustandegekommene Mehrheit. Dieser Gefahr der Verfestigung von zufälligen Mehrheitsgruppierungen zu einer „Mehrheitsoligarchie" kann nur durch die Chance des Mehrheitswechsels begegnet werden. Diese Möglichkeit darf durch den Verbandsausschluß oppositioneller Mitglieder — u. U. unter Verweisung auf Konkurrenzverbände — wegen des objektiven Aufnahmezwangs und grundsätzlichen Ausschlußverbots, dem privilegierte Interessenverbände qualifizierten Bewerbern gegenüber unterliegen, grundsätzlich[121] nicht abgeschnitten werden.

(b) *Die institutionelle Absicherung einer politischen Opposition* ist durch das demokratische Prinzip nicht gefordert. Politische Freiheit und Gleichheit der Willenssubjekte in privilegierten Interessenverbänden sind gewährt, wenn den *einzelnen* Angehörigen einer Minderheitengruppe oppositionelle Rechte eingeräumt werden. Die Garantie einer organisierten Opposition würde keine Stärkung der demokratischen Legitimation des verbandlichen Wirkens bei der Staatswillensbildung mit sich bringen und ist deshalb wegen Verstosses gegen das Grundrecht der kollektiven Vereinigungsfreiheit unzulässig. Im übrigen erscheint die Institutionalisierung einer innerverbandlichen Opposition weder erforderlich, noch unter dem Gesichtspunkt effektiver Verbandsarbeit angebracht. Denn — anders als das Parlament — setzt sich ein Interessenverband nicht aus Repräsentanten im Grundsatz entgegengesetzter Standpunkte zusammen, sondern aus Mitgliedern, die ein gemeinsames Interesse miteinander verbindet. Ziel der Gewährung oppositioneller Rechte ist es deshalb nicht, eine fundamentale Änderung der Verbandspolitik, sondern die Repräsentation von Meinungsnuancen zu ermöglichen. Schließlich erschwert das Vorhandensein einer organisierten, artikulationsfähigen Opposition innerhalb des Verbandes die Durchsetzung des Mehrheitswillens nach außen[122].

Stein[123] befürwortet für alle Vereinigungen mit Monopolstellung eine „pluralistische Infrastruktur", die durch Gewährung eines Rechts auf Organisation für die einzelnen Gruppierungen innerhalb der Vereinigung erreicht werden könne. Zur Begründung führt er an, daß dem einzelnen in Verbänden mit Monopolstellung eine Wahlmöglichkeit zwischen konkurrierenden Vereinigungen nicht zur Verfügung stehe und Neugründungen konkurrierender Vereinigungen erfahrungsgemäß aussichtslos

---

[121] Zu den Grenzen bei der Ausübung innerverbandlicher Opposition siehe unten, (5).

[122] Ebenso *Stein*, Staatsrecht, S. 154.

[123] Staatsrecht, S. 154.

seien. Aber auch für den Monopolverband gilt, daß die Gewährleistung innerverbandlicher, oppositioneller Individualrechte den Anforderungen des demokratischen Prinzips genügt. Die Wirksamkeit dieser Verpflichtung garantieren Aufnahmezwang und Ausschlußverbot.

(4) Der Inhalt des Rechts auf innerverbandliche Opposition

(a) Gegenüber den *exekutiven Verbandsorganen* besteht das Recht der Angehörigen von Minderheitsgruppen auf innerverbandliche Opposition u. a. in Auskunfts- und Kontrollbefugnissen. Die gleichberechtigte Beteiligung von Vertretern einer Mindermeinung am Prozeß der Willensbildung im Verband setzt ausreichende Information voraus. Denn Mitwirkung bei der Willensbildung ist ohne vorherige individuelle Meinungsbildung auf der Basis detaillierter Sachinformation nicht vorstellbar. Die Verbandssatzung muß den Angehörigen von Minderheitsgruppen deshalb das Recht gewähren, Auskünfte zu den verbandspolitischen Vorhaben einzuholen. Die kritische Beobachtung der Verbandspolitik ist den Vertretern der abgelehnten Mindermeinung nur möglich, wenn ihnen das Recht zusteht, in bestimmten Abständen, die nach Geschäftsanfall verschieden bemessen sein können, Rechenschaft über die Aktivitäten des Verbandes zu verlangen.

(b) *In den Willensbildungsorganen* muß den Angehörigen von Minderheitsgruppen Gelegenheit zur Artikulation ihrer gegensätzlichen Standpunkte gegeben werden. Die Verbandssatzung muß deshalb auch Minderheiten Antragsrechte einräumen, die es ihnen gestatten, sachliche, personelle und methodische Alternativen zur offiziellen Verbandspolitik zur Debatte zu stellen. Diese Antragsrechte müssen formell und materiell ausgestattet sein, d. h. die Verpflichtung der zuständigen Willensbildungsgremien zur Entgegennahme und zur tagesordnungsmäßigen Behandlung enthalten.

(5) Die Grenzen des Rechts auf innerverbandliche Opposition

(a) *Inhaltlich* findet das Recht auf innerverbandliche Opposition seine Grenze dort, wo die Fähigkeit des Verbandes, die ihm übertragene Rolle bei der Willensbildung des Staates zu erfüllen, in Gefahr gerät und der Pluralismus innerhalb des Verbandes dessen Indentität beeinträchtigt. Die Gewährleistungen innerverbandlichen Minderheitenschutzes dürfen die Verbindlichkeit mehrheitlich getroffener Entscheidungen nicht antasten. Die Garantie permanenter innerer Infragestellung der Verbandspolitik darf die Außenfunktion des Verbandes nicht gefährden.

(b) *Bei der Ausübung* haben die Träger innerverbandlicher oppositioneller Rechte auf die Wahrung der Verbandsinteressen Rücksicht zu nehmen. Das Recht auf Opposition umfaßt nicht die Befugnis, die Verfolgung der den Verband konstituierenden Interessen selbst in Frage zu stellen. Sieht sich ein Mitglied nicht mehr in der Lage, die grundlegenden gemeinsamen Interessen des Verbandes zu vertreten, so bleibt ihm nur der Austritt aus diesem Verband. Hat er durch öffentliche Kritik die gemeinsame Basis bereits verlassen, ist grundsätzlich ein Ausschluß wegen verbandsschädigenden Verhaltens zulässig.

III. Die demokratische Legitimation der Verbandsvertreter[124]

1. Die demokratische Legitimation aller Amtswalter und die Verfassung privilegierter Interessenverbände

Der demokratische Grundsatz der inneren Souveränität eines Gemeinwesens erfordert, daß jeder Funktionsträger unmittelbar durch einen Willensakt der Mitglieder oder mittelbar durch ein von diesen autorisiertes Organ eingesetzt und seine Handlungskompetenz auf einen Auftrag der Mitglieder rückführbar ist (formelle und materielle Legitimation)[125]. Die Vertreter privilegierter Interessenverbände wirken bei der Willensbildung des Staates mit. Die damit beabsichtigte Stärkung des demokratischen Prinzips ist nur gewährleistet, wenn die am Prozeß der staatlichen Willensbildung unmittelbar beteiligten Verbandsvertreter selbst oder die sie bestimmenden Organe demokratisch legitimiert sind.

2. Der Inhalt der Forderung formeller demokratischer Legitimation der Verbandsvertreter

a) Der gleichberechtigte Zugang aller Mitglieder zu den Verbandsfunktionen

Voraussetzung der formellen demokratischen Legitimation der Verbandsführung ist das gleiche passive Wahlrecht aller Verbandsmitglieder. Denn die formelle demokratische Legitimation aller Funktionsträger ist nur dann gegeben, wenn der Wahlakt unter freier und gleich-

---

[124] Der Begriff des Verbandsvertreters wird hier im weiten Sinn verstanden. Er umfaßt sowohl die Mitglieder des Verbandsvorstandes als auch die von diesem bestellten Organe (Geschäftsführer, geschäftsführender Vorstand und sonstige, satzungsmäßig berufene Vertreter). Die Organisation der Verbandsführung wird durch das demokratische Prinzip nicht vorbestimmt. Die Verbandssatzung kann eine monokratische oder bürokratische Struktur der Verbandsführung vorsehen. Der Verbandsvorstand kann also aus einer oder mehreren Personen bestehen (siehe § 26 Abs. 1 BGB). § 11 PartG schreibt einen Vorstand aus mindestens drei Mitgliedern vor. Ebenso W. *Henke* (Parteien, S. 56), dessen Schluß von „der Wahl einköpfiger Führungsorgane" auf undemokratische Legitimationsprinzipien jedoch nicht überzeugt. Der durch die Mitglieder oder eine Vertreterversammlung gewählte Vorstand kann aus seinen Reihen einen geschäftsführenden Vorstand zur Erledigung der laufenden Geschäfte bestellen oder einen Geschäftsführer ernennen.

[125] Siehe dazu oben, 1. Kap., Abschn. A II 2 a.

berechtigter Beteiligung aller Verbandsmitglieder als Wählende *und* als Wählbare abläuft[126].

b) *Die demokratische Wahl des Verbandsvorstandes*[127, 128]

(1) Die innere Souveränität des Verbandes ist nur gewährleistet, wenn alle Mitglieder bei der Wahl des Vorstandes stimmberechtigt, in ihrem Votum frei sind und die Gleichwertigkeit ihrer Stimmen gewährleistet ist (*allgemeine, freie und gleiche* Wahl)[129].

(2) Die *regelmäßigen Abstände zwischen den Wahlen* und damit die Amtsdauer des Vorstandes müssen in der Verbandssatzung festgelegt sein. Eine bestimmte Mindestzeit kann dem demokratischen Prinzip nicht entnommen werden[130]. Die Richtschnur für die Wahl des Zeitraums ist jedoch das demokratische Erfordernis, daß die Änderung der Meinungsstruktur im Verband binnen angemessener Zeit auf die Zusammensetzung des Vorstandes durchschlagen muß. Darüber hinaus muß die Satzung die Möglichkeit vorsehen, den Vorstand auch während seiner Amtszeit abzuwählen[131].

(3) Eine *Mitgliedschaft* im Vorstand *kraft Amtes*[132] ist durch das demokratische Prinzip nicht schlechthin ausgeschlossen. Sie muß jedoch in der Verbandssatzung vorgesehen sein. Unbedenklich ist die Mitgliedschaft ihrerseits demokratisch legitimierter Funktionsträger. So bestehen z. B. gegen die Mitgliedschaft der Vorstände regionaler Gliederungen eines Verbandes im Vorstand des Bundesverbandes keine Bedenken. Der Anzahl der vom Vorstand kooptierten Mitglieder[133] sind jedoch Grenzen gesetzt. Diese darf in keinem Fall die Hälfte, soweit für bestimmte Beschlüsse des Vorstandes in der Satzung des Verbandes eine qualifizierte

---

[126] Der Grundsatz des gleichberechtigten Zugangs zu den Verbandsfunktionen ist nicht verletzt, wenn die Wählbarkeit durch die Verbandssatzung altersmäßig nach unten und (oder) nach oben begrenzt wird.

[127] Die abdingbare (§ 40 BGB) Vorschrift des § 27 Abs. 1 BGB genügt demokratischen Anforderungen nicht (ebenso W. *Henke*, Parteien, S. 54) und ist auf privilegierte Interessenverbände nicht anwendbar.

[128] Dasselbe gilt für die Ermittlung der Delegierten für Vertreterversammlungen.

[129] Die daneben in Art. 38 Abs. 1 Satz 1 GG noch genannten Grundsätze der unmittelbaren und geheimen Wahl haben keine demokratische Qualität (ebenso W. *Henke*, Parteien, S. 54; vgl. aber § 15 Abs. 2 PartG). Auch das Verhältniswahlrecht ist keine unabdingbare Forderung des demokratischen Prinzips. Das Mehrheitsprinzip wird dem demokratischen Prinzip wie bei sonstigen Abstimmungen so auch bei Wahlen gerecht (W. *Henke*, Parteien, S. 52).

[130] Ebenso W. *Henke*, Parteien, S. 53. Die Vorschrift des § 11 Abs. 1 PartG sieht eine Amtsdauer von höchstens zwei Jahren vor.

[131] Ebenso W. *Henke*, Parteien, S. 53. Vgl. auch § 27 Abs. 2 BGB.

[132] Siehe dazu W. *Henke*, Parteien, S. 57 f.

[133] Zum Problem der Kooptation siehe *Loewenstein*, Kooptation und Zuwahl. Über die autonome Bildung privilegierter Gruppen, 1973.

Mehrheit vorgesehen ist, nicht die Differenz zwischen Quorum und Gesamtzahl der Vorstandsmitglieder überschreiten[134].

c) *Die Bestellung der übrigen Verbandsvertreter*

Soweit die Verbandssatzung die Bestellung weiterer Verbandsvertreter[135] vorsieht, müssen diese entweder ebenfalls durch demokratische Wahl ermittelt werden oder ihre formelle demokratische Legitimation von ihrerseits demokratisch legitimierten Verbandsorganen herleiten. Geschäftsführer und sonstige satzungsmäßig berufene Vertreter des Verbandes können durch den Vorstand des Verbandes bestellt werden. Ihre Amtszeit ist an die des Vorstandes gebunden. Der Vorstand kann aus seinen Reihen einen geschäftsführenden Vorstand bestimmen.

IV. Die demokratische Ordnung der Gerichtsbarkeit privilegierter Interessenverbände

1. *Das Problem der Legitimität der Verbandsgerichtsbarkeit* bedarf hier keiner Erörterung[136]. Denn es ist unbestitten, daß die Foderung nach Einrichtung rechtsprechender Verbandsorgane nicht auf das demokratische Prinzip gestützt[137] und das Verhältnis der Verbandsgerichte zur staatlichen Gerichtsbarkeit nicht unter demokratischen, sondern allenfalls unter rechtsstaatlichen Aspekten betrachtet werden kann. Dies gilt auch für die im Geltungsbereich des demokratischen Prinzips angesiedelten privilegierten Interessenverbände.

2. Sieht die Satzung eines privilegierten Interessenverbandes jedoch die Einrichtung eines verbandsinternen rechtsprechenden Organs vor, so müssen *die Bestellung und die Willensbildung* dieses Organs *nach demokratischen Grundsätzen* erfolgen. Alle Mitglieder dieses Spruchkörpers sind in einer demokratischen Wahl zu ermitteln und die Entscheidungen kollegialer Spruchkörper nach dem Mehrheitsprinzip zu fällen.

3. *Die Ausgestaltung der Verfahrensordnung im übrigen* (Verfahrensrechte, Instanzenzug usw.)[138] unterliegt keinen demokratischen Anforde-

---

[134] Vgl. dazu § 11 Abs. 2 PartG. Zum Umfang, in welchem Entscheidungsträger ohne demokratische Legitimation an Entscheidungen demokratisch legitimierter Entscheidungsträger beteiligt werden können, siehe *Böckenförde*, Verfassungsfragen der Richterwahl, 1974, S. 76 ff.

[135] Siehe dazu oben, Anm. 124.

[136] Siehe dazu: *H. P. Westermann*, Die Verfassungsstrafgewalt und das allgemeine Recht, 1972, S. 52 ff., 100 ff.; *ders.*, JZ 72, 537 ff.; *W. Baumann*, Die Vereinsstrafgewalt des Deutschen Fußballbundes über die Bundesligavereine, Lizenzspieler und Fußball-Lehrer, Diss. Bonn, 1971.

[137] Ebenso *W. Henke*, Parteien, S. 74, zum Problem der Parteischiedsgerichte. Siehe dazu § 14 PartG.

[138] Siehe dazu *Wittkämper*, Interessenverbände, S. 120 f.

rungen. Sie ist deshalb — sofern nicht zwingendes staatliches Recht entgegensteht — der Satzungsautonomie des jeweiligen Verbandes anheimgegeben.

V. Die Subsidiarität des Mandats privilegierter Interessenverbände gegenüber öffentlichen Funktionen

1. Die Unvereinbarkeit von öffentlicher Funktion und Verbandsmandat

a) Die durch demokratische Wahl der Mitglieder oder ihrerseits demokratisch legitimierte Organe bestellten *Verbandsvertreter*[139] sind ihrem Verband gegenüber verpflichtet, die ihn konstituierenden Einzelinteressen wahrzunehmen. Denn die Vertreter sind keine, mit einem freien Mandat ausgestattete, unabhängige Repräsentanten ihres Verbandes. Sie sind an die allgemeinen Richtlinien und die besonderen Weisungen des Verbandes gebunden und damit Träger eines imperativen Mandats[140].

b) Die *Inhaber öffentlicher Funktionen* sind dem Gesamtinteresse verpflichtet. Das Parlamentsmitglied ist Repräsentant des ganzen Volkes und an Weisungen nicht gebunden (Art. 38 Abs. 1 Satz 2 GG). Der Träger eines öffentlichen Amts ist dem demokratisch gebildeten Willen des Gesamtvolkes, der sich in den parlamentsbeschlossenen Gesetzen oder den Weisungen demokratisch legitimierter Organe manifestiert, verpflichtet.

2. Die Lösung des Interessenkonflikts

Bei Personalunionen von öffentlicher Funktion und Verbandsmandat treten Interessengegensätze auf. Der demokratische Grundsatz der Volkssouveränität verlangt, daß für das Handeln der Träger öffentlicher Funktionen allein der Wille des Gesamtvolkes maßgeblich ist. Das Letztentscheidungsrecht bei der Willensbildung des Staates darf deshalb nicht von Personen ausgeübt werden, deren Entscheidungsfreiheit durch ein auf die Verwirklichung partikularer Interessen gerichtetes imperatives Mandat gebunden ist. Die Entscheidung über die Prävalenz einer dieser Funktionen ist im demokratischen Prinzip selbst angelegt. Die demokratischen Grundsätze des gleichen Zugangs zu den Parlamentswahlen (passives Wahlrecht — Art. 38 Abs. 1 Satz 2 GG) und den öffentlichen Ämtern (Art. 33 Abs. 2 GG) verbieten nach der gegenwärtigen Verfassungsordnung eine gesetzliche Regelung, die den Verlust der Wählbarkeit oder Amtsfähigkeit der Funktionäre von Interessenverbänden vorsieht[141].

---

[139] Zum Begriff siehe oben, Anm. 124.

[140] Ebenso *Leibholz*, Strukturprobleme, S. 200 f.; *Dagtoglou*, Der Private in der Verwaltung als Fachmann und Interessenvertreter, 1964, S. 176; *ders.*, DVBl 72, 715; *Scholz*, Koalitionsfreiheit, S. 176.

[141] Die Ausnahmen vom Grundsatz des Art. 38 Abs. 1 Satz 1, Abs. 2 GG sind in Art. 137 GG abschließend geregelt. Zur Auslegung dieser Bestimmung siehe

Auch die Unwirksamkeit der späteren Berufung in die öffentliche Funktion ist unzulässig[142]. Als unmittelbare Rechtsfolge aus dem demokratischen Prinzip ergibt sich vielmehr die Unwirksamkeit der bereits erfolgten Bestellung zum Funktionär eines Interessenverbandes und die Unzulässigkeit einer beabsichtigten Bestellung. Diese Rechtsfolge verstößt nicht gegen das Grundrecht der individuellen Vereinigungsfreiheit. Zwar ist in diesem Grundrecht auch die Befugnis des einzelnen auf freien und gleichberechtigten Zugang zu den Verbandsfunktionen angelegt. Der Inhalt des politischen Grundrechts der Vereinigungfreiheit wird jedoch durch das demokratische Prinzip bestimmt. Das Recht des einzelnen, als Funktionär eines Interessenverbandes an der Willensbildung des Staates in den seine soziale Gruppe betreffenden Fragen mitzuwirken, muß hinter dem demokratischen Grundsatz der alleinigen Maßgeblichkeit des Willens des Gesamtvolkes zurücktreten, wenn derselbe einzelne von seinem demokratischen Recht auf unmittelbare Mitwirkung an der staatlichen Willensbildung durch Übernahme einer öffentlichen Funktion Gebrauch macht.

D. Zusammenfassung

Eine demokratische Binnenstruktur von Interessenverbänden wird durch die politischen Grundrechte der Art. 5, 8 und 9 GG einerseits, das demokratische Prinzip des Grundgesetzes andererseits gefordert. Die politischen Grundrechte gebieten die Einhaltung eines demokratischen Mindeststandards beim Prozeß der Willensbildung in Interessenverbänden. In privilegierten Interessenverbänden verlangen sie darüber hinaus die demokratische Legitimation aller Verbandsvertreter durch einen Willensbildungsprozeß. Das demokratische Prinzip gebietet die Übertragung organisatorischer Anforderungen der politischen Demokratie auf die innere Ordnung privilegierter Interessenverbände insoweit, als dies für die Gewährleistung der demokratischen Willensbildung des Staates erforderlich und die Anwendung dieser Grundsätze praktikabel ist. Jeder privilegierte Interessenverband ist danach verpflichtet, dem Aufnahme-

---

zuletzt den Beschluß des Bundesverfassungsgerichts vom 21. 1. 1975, DÖV 75, 489 ff.

[142] Zum Begriff der Ineligibilität siehe *Herzog*, Art. Inkompatibilität, in: EvStL, Sp. 1006. Erwogen, aber als „absurd" verworfen hat die Möglichkeit *Eschenburg*, Zur politischen Praxis in der Bundesrepublik, Bd. II, 1966, S. 170. Löwisch (RdA 75, 58) wirft das Problem der Unvereinbarkeit von Abgeordneten- und Verbandsmandat auf, will es jedoch anscheinend durch Einschränkung des passiven Wahlrechts für die öffentliche Funktion lösen. Eine Unvereinbarkeit von Abgeordnetenmandat und Parteiamt vertritt *Forsthoff*, Die politischen Parteien im Verfassungsrecht, 1950, S. 23. Dagegen *W. Henke*, Parteien, S. 109; *Leibholz*, Strukturprobleme, S. 118; *Kirchheimer*, AöR 79 (1953/54), S. 301 ff.

antrag eines qualifizierten Bewerbers zu entsprechen, soweit dieser nicht bereits Mitglied eines ebenfalls privilegierten Konkurrenzverbandes ist. Die Willensbildung in privilegierten Interessenverbänden muß nach demokratischen Grundsätzen erfolgen. Dies ist nur gewährleistet, wenn die Verbandssatzung die Einrichtung von Willensbildungsorganen vorsieht, die nach dem Versammlungsprinzip als Mitglieder- oder Vertreterversammlungen organisiert sind und ihre Beschlüsse nach dem Mehrheitsprinzip fassen. Den Verbandsmitgliedern müssen gleiche Mitwirkungsrechte an der Willensbildung des Verbandes eingeräumt sein, die eine Verbandsopposition als ständigen Prozeß ermöglichen. Die Verbandsvertreter bedürfen der demokratischen Legitimation. Das Mandat eines privilegierten Interessenverbandes ist gegenüber einer öffentlichen Funktion subsidiär.

Thesen

I. Die Demokratisierung der Verbände als Teilaspekt der Forderung nach Demokratisierung der Gesellschaft

1. *Der Begriff der Demokratie* ist nicht abstrakt definierbar. Die demokratische Idee bedarf für jede verfassungsrechtliche Lage einer neuen Inhaltsbestimmung.

2. Der *Forderung nach Demokratisierung* kommt verfassungsrechtliche Relevanz nur zu, wenn sie an das demokratische Prinzip in seiner konkreten, konstitutionellen Ausformung anknüpft. Sie bezeichnet dann die Durchsetzung der demokratischen Idee in deren Geltungsbereich oder die Erstreckung über diesen Geltungsbereich hinaus auf andere Willensbildungsprozesse.

3. *Das Postulat der Demokratisierung der Gesellschaft* setzt die Anerkennung eines (funktionellen) Unterschieds zwischen Staat und Gesellschaft voraus. Das Grundgesetz ist eine Staatsverfassung und als solche grundsätzlich gesellschaftspolitisch neutral. Die Grenzen dieser Neutralität sind dort gezogen, wo ordnungspolitische Einhaltsamkeit des Verfassunggebers im gesellschaftlichen Bereich die Verwirklichung der verfassungsgestaltenden Grundentscheidungen des Grundgesetzes (Demokratie, Gewährleistung politischer Grundrechte, Sozialstaatsgebot) gefährden würde.

4. *Das demokratische Prinzip des Grundgesetzes* regelt die Willensbildung des Staates. Es wird inhaltlich durch die Maßgeblichkeit des Willens des Gesamtvolkes für die staatliche Willensbildung (Idee der inneren Souveränität des Volkes) bestimmt.

5. Mit dem verfassungsrechtlichen *Gebot innerparteilicher Demokratie* (Art. 21 Abs. 1 Satz 3 GG) erweitert das Grundgesetz den Anwendungsbereich des demokratischen Prinzips auf außerstaatliche Bereiche. Eine analoge Anwendung der Vorschrift des Art. 21 Abs. 1 Satz 3 GG ist nur auf solche Organisationen zulässig, die — ähnlich den politischen Parteien — an der Willensbildung des Staates unmittelbar beteiligt sind.

6. *Das Sozialstaatsgebot des Grundgesetzes* enthält keinen Verfassungsauftrag zur Verwirklichung einer bestimmten Gesellschaftsordnung.

Auch in Verbindung mit dem demokratischen Prinzip kommt dieser Staatszielbestimmung keine institutionelle Bedeutung zu.

7. *Die Forderung nach Harmonie von Staats- und Gesellschaftsverfassung* ist kein Verfassungsgrundsatz.

8. Mit dem *Grundrecht auf Selbstbestimmung* (Art. 1 Abs. 1, 2 und Art. 2 Abs. 1 GG) läßt sich die Forderung nach demokratischer Ordnung aller gesellschaftlichen Bereiche nicht begründen. In seiner demokratischen Komponente enthält dieses Grundrecht jedoch einen Anspruch des einzelnen auf gleichberechtigte Mitbestimmung in allen seine persönliche Lebensführung unmittelbar betreffenden Fragen.

II. Die Stellung der Interessenverbände im Spannungsfeld zwischen Staat und Gesellschaft

9. *Der Begriff des Verbandes* ist funktionell-strukturell zu bestimmen. Als Verbände sind danach Organisationen zu bezeichnen, die, aus einer Vielheit von natürlichen oder juristischen Personen oder aus einer Vermögensmasse bestehend und zu einem Mindestmaß verfaßt, auf einen gemeinsamen Zweck gerichtet sind.

10. *Die Qualität eines Interessenverbandes* erlangt ein Verband dadurch, daß er die ihn konstituierenden Interessen aktiviert und unter Einsatz seiner politischen und sozialen Macht auf politischem Weg durchzusetzen versucht.

11. *Privilegierte Interessenverbände* sind Interessenverbände, die institutionell (als Mitglieder von Beratungs- oder Beschlußorganen) oder verfahrensmäßig (im Wege der Anhörung) an der Willensbildung des Staates beteiligt sind.

12. Als *Existenzgrundlage der Interessenverbände* in der Verfassungsordnung des Grundgesetzes kommt nur Art. 9 Abs. 1 GG in Betracht. Diese Bestimmung enthält ein Doppelgrundrecht (positive und negative Vereinigungsfreiheit) und eine Institutsgarantie.

13. *Das Wirken der Interessenverbände* im demokratischen Staat wird als spezifisch politische Funktion der kollektiven Vereinigungsfreiheit garantiert.

14. *Die Forderung nach Partizipation* vermag die Beteiligung von Interessenverbänden an der Willensbildung des Staates nicht zu rechtfertigen. Partizipation ist ein heuristischer, kein verfassungsrechtlicher Begriff.

15. *Die politischen Grundrechte* (Art. 5, 8 und 9 GG) üben eine dienende Funktion gegenüber dem demokratischen Prinzip aus. In ihrer demokratischen Komponente gewähren sie einzelnen und sozialen Gruppen das Recht der Mitwirkung an der staatlichen Willensbildung in den sie betreffenden Fragen in dem Maße, das zur Verwirklichung der demokratischen Idee erforderlich ist.

16. *Die Geltung des demokratischen Prinzips* schließt eine Mitwirkung von Interessenverbänden an der Willensbildung des Staates nicht aus. Die verfassungsrechtliche Garantie der Selbstverwaltung beweist, daß das Grundgesetz für die Beteiligung der Betroffenen an der Willensbildung des Staates offen ist, sofern dies der Stärkung der materiellen demokratischen Legitimation der Staatstätigkeit dient.

17. *Die verfassungsrechtlichen Grenzen der Mitwirkung von Interessengruppen an der Willensbildung des Staates* werden durch den demokratischen Grundsatz der Maßgeblichkeit des Willens des Gesamtvolkes und das Prinzip der parlamentarischen Kontrolle und Verantwortlichkeit der Regierung gezogen. Den Interessenverbänden ist die Mitwirkung an der staatlichen Willensbildung in Form der selbständigen Erledigung von Staatsaufgaben unter den für die Selbstverwaltung geltenden Bedingungen und in Form der institutionellen oder verfahrensmäßigen Mitwirkung bzw. der unterparitätischen Mitentscheidung gestattet.

III. Die Interessenverbände als Gegenstand der Forderung nach Demokratisierung

18. *Die politischen Grundrechte der Art. 5, 8 und 9 GG gebieten* die Einhaltung eines demokratischen Mindeststandards beim Prozeß der Willensbildung in Interessenverbänden. In privilegierten Interessenverbänden verlangen sie die demokratische Legitimation aller Verbandsvertreter durch einen Willensbildungsprozeß, der auf die Verbindlichkeit des allgemein, frei und gleichberechtigt gebildeten Mehrheitswillens gerichtet ist.

19. *Das demokratische Prinzip des Grundgesetzes verlangt* die demokratische Binnenstruktur von privilegierten Interessenverbänden, deren Wirken eine demokratische Relevanz zukommt. Die Übertragung organisatorischer Anforderungen der politischen Demokratie ist jedoch nur insoweit geboten, als dies für die Gewährleistung der demokratischen Willensbildung des Staates erforderlich und nur insoweit zulässig, als die Anwendung dieser Grundsätze praktikabel ist.

20. *Der kollektive Aspekt des Grundrechts der Vereinigungsfreiheit garantiert* auch den privilegierten Interessenverbänden Satzungsautonomie im Rahmen der verfassungsmäßigen Ordnung. Die kollektive Vereinigungsfreiheit dient der Verwirklichung der demokratischen Willensbildung des Staates durch Gewährleistung eines Prozesses der freien Willensbildung im Bereich der Gesellschaft. Dieses Grundrecht verbietet deshalb keine organisatorischen Anforderungen, die der Verwirklichung der demokratischen Willensbildung des Staates dienen.

21. Eine demokratische Willensbildung des Staates ist nur gewährleistet, wenn jeder privilegierte Interessenverband der *Verpflichtung* unterliegt, *dem Aufnahmeantrag eines Bewerbers, der die subjektiven und objektiven Merkmale erfüllt* (qualifizierter Bewerber), *zu entsprechen.* Diese Verpflichtung gilt nicht, wenn der Bewerber bereits Mitglied eines ebenfalls privilegierten Konkurrenzverbandes ist. Ein der Verpflichtung des Verbandes korrespondierendes materielles subjektives privates Recht des Bewerbers auf Aufnahme in den Verband kann aus dem demokratischen Prinzip nicht hergeleitet werden.

22. Das demokratische Prinzip des Grundgesetzes verlangt *die Einrichtung von Willensbildungsorganen* in privilegierten Interessenverbänden, die nach dem Versammlungsprinzip als Mitglieder- oder Vertreterversammlungen organisiert sein müssen. Für die Zuständigkeit der Verbandsversammlung besteht eine Vermutung. Ihr sind das Recht der Selbstversammlung, der Satzungsänderung, der Wahl der Verbandsorgane, die Richtlinien- und Geschäftsordnungskompetenz sowie Kontrollbefugnisse gegenüber der Verbandsführung vorbehalten.

23. Die Willensbildungsorgane privilegierter Interessenverbände fassen ihre Beschlüsse nach dem *Mehrheitsprinzip.*

24. Die Verfassung des privilegierten Interessenverbandes muß der Minderheit der Verbandsmitglieder Mitwirkungsrechte an der Willensbildung des Verbandes einräumen, die den *Prozeß einer Verbandsopposition* ermöglichen. Die institutionelle Absicherung dieses Prozesses ist durch das demokratische Prinzip nicht gefordert. Dies gilt auch für Verbände mit Monopolstellung. Das Recht auf innerverbandliche Opposition ist inhaltlich durch das Gebot der Verbindlichkeit mehrheitlich getroffener Entscheidungen und in seiner Ausübung durch die Verpflichtung der Verbandsmitglieder beschränkt, die Verbandsinteressen zu wahren.

25. Die demokratische Willensbildung des Staates erfordert *die demokratische Legitimation der Verbandsvertreter.*

Diese ist nur gewährleistet, wenn allen Verbandsmitgliedern der gleichberechtigte und freie Zugang zu den Verbandsfunktionen zusteht. Der Verbandsvorstand muß in allgemeiner, freier und gleicher Wahl bestellt werden, die in regelmäßigen Abständen zu wiederholen ist. Der Verbandsversammlung muß das Recht eingeräumt sein, den Vorstand auch während seiner Amtszeit abzuwählen.

Eine Mitgliedschaft im Vorstand kraft Amtes ist durch das demokratische Prinzip nicht schlechthin ausgeschlossen. Unbedenklich ist die Mitgliedschaft ihrerseits demokratisch legitimierter Funktionsträger. Die Anzahl der vom Vorstand kooptierten Mitglieder darf jedoch die Differenz zwischen Gesamtzahl der Vorstandsmitglieder und dem höchsten Beschlußquorum nicht überschreiten.

Die übrigen Verbandsvertreter müssen ihre Legitimation ebenfalls durch demokratische Wahl oder ihrerseits demokratisch legitimierten Verbandsorganen herleiten.

26. *Die Forderung nach Einrichtung rechtsprechender Verbandsorgane* ist kein Postulat des demokratischen Prinzips. Soweit die Satzung privilegierter Interessenverbände die Einrichtung eines rechtsprechenden Verbandsorgans vorsieht, müssen Bestellung und Willensbildung dieser Organe nach demokratischen Grundsätzen erfolgen. Die weitere Ausgestaltung der Verfahrensordnung unterliegt keinen demokratischen Anforderungen.

27. *Öffentliche Funktion und Mandat eines privilegierten Interessenverbandes* sind unvereinbar. Die Verbandsvertreter sind Träger eines imperativen Mandats und dem Verbandsinteresse verpflichtet. Die Inhaber öffentlicher Funktionen sind dem Interesse des Gesamtvolkes verpflichtet. Mit der Übertragung einer öffentlichen Funktion wird die bereits erfolgte Bestellung zum Funktionär eines privilegierten Interessenverbandes unwirksam, eine beabsichtigte Bestellung unzulässig.

Literaturverzeichnis

Abendroth, Wolfgang: Zum Begriff des demokratischen und sozialen Rechtsstaats im Grundgesetz der Bundesrepublik Deutschland, in: Festschrift für Ludwig Bergstraesser, 1954, S. 279 ff.
(zit. Abendroth, Festschrift für Bergstraesser, 1954)

— Innergewerkschaftliche Willensbildung, Urabstimmung und Kampfmaßnahme, ArbuR 59, 261 ff.

Ammermüller, Martin G.: Verbände im Rechtsetzungsverfahren, 1971.

Antritter, Wolfgang: Bibliographie, in: Martin Greiffenhagen, Demokratisierung in Staat und Gesellschaft, 1973, S. 427 ff.

Bachof, Otto: Die verwaltungsrechtliche Klage auf Vornahme einer Amtshandlung, 1951.

— Begriff und Wesen des sozialen Rechtsstaats, VVdStRL 12 (1954), S. 37 ff.

— Reflexwirkungen und subjektive Rechte im öffentlichen Recht, in: Gedächtnisschrift für Walter Jellinek, 1955, S. 287 ff.
(zit. Bachof, Gedächtnisschrift für W. Jellinek, 1955)

Bartlsperger, Richard: Das Dilemma des baulichen Nachbarrechts, VerwArch 60 (1969), S. 47 ff.

— Der Rechtsanspruch auf Beachtung von Vorschriften des Verwaltungsverfahrensrechts, DVBl 70, 30 ff.

Bäumlin, Richard: Die rechtsstaatliche Demokratie, 1954.

— Art. Demokratie, in: EvStL, Sp. 362 ff.

— Art. Rechtsstaat, in: EvStL, Sp. 2041 ff.

Baumann, Wolfgang: Die Vereinsstrafgewalt des Deutschen Fußball-Bundes über die Bundesligavereine, Lizenzspieler und Fußball-Lehrer, Diss. Bonn, 1971.

Becker, Erich: Art. Kommunale Selbstverwaltung, in: Bettermann-Nipperdey, Die Grundrechte, Band IV/2, 1962, S. 686 ff.

Bethusy-Huc, Viola Gräfin von: Demokratie und Interessenpolitik, 1962.

Beyme, Klaus von: Interessengruppen in der Demokratie, 1969.
(zit. von Beyme, Interessengruppen)

Birk, Rolf: Der Aufnahmezwang bei Vereinen und Verbänden, JZ 72, 343 ff.

Birkner, Hans-Joachim: Art. Gleichheit und Freiheit, in: EvStL, Sp. 900 f.

Blümel, Willi: Demokratisierung der Planung oder rechtsstaatliche Planung, in: Festschrift für Ernst Forsthoff, 1972, S. 9 ff.
(zit. Blümel, Festschrift für Forsthoff, 1972)

Böckenförde, Ernst-Wolfgang: Die Organisationsgewalt im Bereich der Regierung, 1964.
(zit. Böckenförde, Organisationsgewalt)

— Verfassungsfragen der Richterwahl, 1974.

Bracher, Karl Dietrich: Das deutsche Dilemma (Leidenswege der politischen Emanzipation), 1971.
(zit. Bracher, Dilemma)

Bullinger, Martin: Öffentliches Recht und Privatrecht, 1968.

Brangsch: Prozeßvertretung durch Verbände, NJW 55, 1823 ff.

Brünner, Christian: Über die Fundamentaldemokratisierung zur Demontage aller Lebensbereiche und zum Verlust der Freiheit, JurBl 71, 161 ff.

Bühler, Ottmar: Die subjektiven öffentlichen Rechte und ihr Schutz in der deutschen Verwaltungsrechtsprechung, 1914.

Cnudde, Charles F. und Deane R. *Neubauer* (Hg.): Empirical Democratic Theory, 1969.

Dagtoglou, Prodromos: Der Private in der Verwaltung als Fachmann und Interessenvertreter, 1964.

— Art. Souveränität, in: EvStL, Sp. 2321 ff.

— Partizipation Privater an Verwaltungsentscheidungen, DVBl 72, 712 ff.

Dahlgrün, Hans Georg: Parlamentarische Kontrolle und autonome Verwaltungsbereiche, in: Demokratie und Verwaltung, 25 Jahre Hochschule für Verwaltungswissenschaften Speyer, 1972, S. 317 ff.

Dienel, Peter: Partizipation an Planungsprozessen als Aufgabe der Verwaltung, in: Die Verwaltung, 1971, S. 151 ff.

Dürig, Günter: Grundrechte und Privatrechtsprechung, in: Festschrift für Nawiasky, 1956, S. 157 ff.
(zit. Dürig, Festschrift für Nawiasky, 1956)

Enneccerus, Ludwig und Hans C. *Nipperdey:* Allgemeiner Teil des Bürgerlichen Rechts, 15. Aufl. 1959, 1. Halbband.

Eschenburg, Theodor: Herrschaft der Verbände? 2. Aufl. 1963.
(zit. Eschenburg, Verbände)

— Zur politischen Praxis in der Bundesrepublik, Band II, 1966.

Eyermann, Erich: Wider die Aufblähung der Klagebefugnis im verwaltungsgerichtlichen Verfahren. BayVBl 74, 237 ff.

Fichtmüller, Carl Peter: Zulässigkeit ministerialfreien Raums in der Bundesverwaltung, AöR 91 (1966), S. 297 ff.

Föhr, Horst: Willensbildung in den Gewerkschaften und Grundgesetz, 1974.

Forsthoff, Ernst: Die politischen Parteien im Verfassungsrecht, 1950, S. 5 ff.

— Begriff und Wesen des sozialen Rechtsstaats, VVdStRL 12 (1954), S. 8 ff.

— Rechtsfragen der leistenden Verwaltung, 1959.

— Lehrbuch des Verwaltungsrechts, Erster Band, Allgemeiner Teil, 10. Aufl. 1973.
(zit. Forsthoff, Verwaltungsrecht Bd. I)

Fraenkel, Ernst: Der Pluralismus als Strukturelement der freiheitlich-rechtsstaatlichen Demokratie, in: 45. DJT (1964), Band II, Teil B, S. 5 ff.

— Universität und Demokratie, 1967.

Friedrich, Carl-Joachim: Demokratie als Herrschafts- und Lebensform, 1959.
(zit. Friedrich, Demokratie)

Frisch, Wolfgang: Ermessen, unbestimmter Begriff und „Beurteilungsspielraum" im Strafrecht, NJW 73, 1345 ff.

Füßlein, Rudolf Werner: Art. Vereins- und Versammlungsfreiheit, in: Neumann/Nipperdey/Scheuner, Die Grundrechte, Bd. II, 2. Aufl. 1968, S. 425 ff.

Gitter, Wolfgang: Zur Rechtmäßigkeit eines ohne Urabstimmung durchgeführten Streiks, JZ 65, 197 ff.

Häberle, Peter: Die Wesensgehaltsgarantie des Art. 19 Abs. 2 Grundgesetz, 1962.

— Grundrechte im Leistungsstaat, VVdStRL 30 (1972), S. 112 ff.

— Das Bundesverfassungsgericht im Leistungsstaat, DÖV 72, 729 ff.

Hättich, Manfred: Demokratie als Herrschaftsordnung, 1967.
(zit. Hättich, Demokratie)

— Diskussionsbeitrag in Demokratisierung — Colloquium über einen umstrittenen Begriff, in: Aus Politik und Zeitgeschichte, B 18/71.
(zit. Hättich, Kolloquium)

Hanke: Diskussionsbeitrag in Demokratisierung — Colloquium über einen umstrittenen Begriff, in: Aus Politik und Zeitgeschichte, B 18/71.
(zit. Hanke, Kolloquium)

Harnoß, Hans: Parlamentarische Demokratie und Verbände in der Bundesrepublik Deutschland, in: Verbände und Herrschaft, 1970, S. 63 ff.

Haußleiter, Otto: Verwaltungssoziologie, in: Politik und Verwaltung 1969, Heft 9, S. 63 ff.
(zit. Haußleiter, Verwaltungssoziologie)

Heck, Bruno: Demokraten oder Demokratisierte? in: Die politische Meinung, 1969, Heft 3, S. 9 ff.

Heinrichs, Helmut: in: Palandt, Bürgerliches Gesetzbuch, 33. Aufl. 1974.

Heller, Hermann: Staatslehre, 1934.
(zit. Heller, Staatslehre)

Henke, Wilhelm: Das Recht der politischen Parteien, 1964.
(zit. W. Henke, Parteien)

— Das subjektive öffentliche Recht, 1968.

Hennis, Wilhelm: Demokratisierung. Zur Problematik eines Begriffs, 1970.
(zit. Hennis, Demokratisierung)

— Diskussionsbeitrag in Demokratisierung — Colloquium über einen umstrittenen Begriff, in: Aus Politik und Zeitgeschichte, B 18/71.
(zit. Hennis, Kolloquium)

Henrichs, Wilhelm: Die Rechtsprechung zur Verfassungsgarantie der kommunalen Selbstverwaltung in Deutschland, DVBl 54, 728 ff.

Herzfeld, Hans: Demokratie und Selbstverwaltung in der Weimarer Epoche, 1957.

Herzog, Roman: Art. Gleichheitssatz, in: EvStL, Sp. 897 ff.

— Art. Grundgesetz, in: EvStL, Sp. 914 ff.

— Art. Inkompatibilität, in: EvStL, Sp. 1006 ff.

— Art. Mehrheitsprinzip, in: EvStL, Sp. 1547 ff.

— Art. Landesverfassungen, in: EvStL, Sp. 1442 ff.

— Art. Parlamentarisches System, in: EvStL, Sp. 1766 ff.

— Demokratie und Gleichheit heute, DVBl 70, 713 ff.

— Allgemeine Staatslehre, 1971.

Herzog, Roman: Möglichkeiten und Grenzen des Demokratieprinzips in der öffentlichen Verwaltung, in: Demokratie und Verwaltung, 25 Jahre Hochschule für Verwaltungswissenschaften Speyer, 1972, S. 485 ff.

Hesse, Konrad: Die verfassungsrechtliche Stellung der politischen Parteien im modernen Staat, VVdStRL 17 (1959), S. 11 ff.

— Art. Bundesstaat, in: EvStL, Sp. 258 ff.

— Art. Politische Parteien, in: EvStL, 1770 ff.

— Grundzüge des Verfassungsrechts der Bundesrepublik Deutschland, 7. Aufl. 1974.
(zit. Hesse, Grundzüge)

— Bemerkungen zur heutigen Problematik und Tragweite der Unterscheidung von Staat und Gesellschaft, DÖV 75, 437 ff.

Heydte, Friedrich August Freiherr von der: Art. Volkssouveränität, in: Staatslexikon, Band 8, 6. Aufl. 1963, Sp. 353 ff.

Hippel, Ernst von: Vom Wesen der Demokratie, 1947. Allgemeine Staatslehre, 1963.

Hoefnagels, Harry: Demokratisierung der kirchlichen Autorität, 1969.
(zit. Hoefnagels, Demokratisierung)

Hoffmann, Hermann Edler von: Zwang zur Gewaltenteilung im Gemeindeverfassungsrecht, DÖV 54, 326 ff.

Hofmann, Karl: Das Klagerecht der Natur- und Umweltschutzverbände, BayVBl 72, 524 ff.

Hornung, Klaus: Demokratisierung und Emanzipation als Probleme, in: Theodor Pfizer (Hg.), Bürger im Staat. Politische Bildung im Wandel, 1971.
(zit. Hornung, Demokratisierung und Emanzipation)

Huber, Ernst Rudolf: Rechtsstaat und Sozialstaat in der modernen Industriegesellschaft, 1962.

— Wirtschaftsverwaltungsrecht, Band I, 2. Aufl. 1953.

— Beliehene Verbände, DVBl 52, 456 ff.

Huber, Hans: Recht Staat und Gesellschaft, 1954.

Hueck, Götz: Der Grundsatz der gleichmäßigen Behandlung im Privatrecht, 1958.

Imboden, Max: Die politischen Systeme, 1962.

Ipsen, Hans Peter: Enteignung und Sozialisierung, VVdStRL 10 (1952), S. 74 ff.

Isensee, Josef: Subsidiaritätsprinzip und Verfassungsrecht, 1968.
(zit. Isensee, Subsidiaritätsprinzip)

— Beamtenstreik. Zur rechtlichen Zulässigkeit des Dienstkampfes, 1971.
(zit. Isensee, Beamtenstreik)

Jahrreiß, Hermann: Demokratie, in: Festschrift für Richard Thoma, 1950.
(zit. Jahrreiß, Festschrift für Thoma, 1950)

— Demokratischer Rechtsstaat und Rechtsprechung, in: Recht — Staat — Wirtschaft, Band II, 1950, S. 203 ff.

Jellinek, Georg: Allgemeine Staatslehre, 3. Auflage, Neudruck 1960.

— System des subjektiven öffentlichen Rechts, 1905, Neudruck 1963.

Kägi, Werner: Rechtsstaat und Demokratie, in: Festschrift für Giacometti, 1953, S. 107 ff.
(zit. Kägi, Festschrift für Giacometti, 1953)

Kaufmann, Erich: Grundtatsachen und Grundbegriffe der Demokratie, 1950. (zit. E. Kaufmann, Grundtatsachen)

Kimminich, Otto: Die Rechtsstellung der Studenten im Wandel des Universitätsbegriffs, DVBl 68, 679 ff.

Kisker, Günter: Gruppenmitbestimmung in der öffentlichen Verwaltung, DÖV 72, 520 ff.

Klein, Hans H.: Die Beeinflussung politischer Wahlen durch Verbände, insbesondere durch die Kirchen, DÖV 67, 615 ff.

— „Demokratisierung" der Universität? 1968.

— Demokratie und Selbstverwaltung, in: Festschrift für Ernst Forsthoff, 1972, S. 165 ff.

— Die Grundrechte im demokratischen Staat, 1972. (zit. H. H. Klein, Grundrechte)

Kölble: Diskussionsbeitrag in Demokratisierung — Colloquium über einen umstrittenen Begriff, in: Aus Politik und Zeitgeschichte, B 18/71. (zit. Kölble, Kolloquium)

König, Klaus: Verwaltungsreform und Demokratiediskussion, in: Demokratie und Verwaltung, 25 Jahre Hochschule für Verwaltungswissenschaften Speyer, 1972, S. 271 ff.

Kommentar zum Bonner Grundgesetz (Bonner Kommentar), 1950 ff. (zit. Bearbeiter, in: Bonner Kommentar)

Kluxen, Kurt (Hg.): Parlamentarismus, 1967.

— Das Problem der politischen Opposition, 1956.

Knieper: Motivunabhängige Klagebefugnis der Verbraucherverbände gemäß § 13 Abs. 1a UWG, NJW 71, 2251 ff.

Kriele, Martin: Das demokratische Prinzip im Grundgesetz, VVdStRL 29 (1971), S. 46 ff.

Krüger, Herbert: Allgemeine Staatslehre, 2. Aufl. 1966.

— Sinn und Grenzen der Vereinbarungsbefugnis der Tarifvertragsparteien, Gutachten für den 46. DJT (1966), Band I, S. 9 ff.

— Die deutsche Staatlichkeit im Jahre 1971, in: Der Staat, Band 10 (1971), S. 18 ff.

Kube, Edwin: Zur Notwendigkeit der Demokratisierung der Bebauungsplanung im ländlichen Raum, DÖV 72, 118 ff.

Leibholz, Gerhard: Staat und Verbände, VVdStRL 24 (1966), S. 5 ff.

— Art. Repräsentation, in: EvStL, Sp. 2194 ff.

— Strukturprobleme der modernen Demokratie, 3. Aufl. 1967. (zit. Leibholz, Strukturprobleme)

— Das Prinzip der Selbstverwaltung und des Art. 28 Abs. 2 Grundgesetz, DVBl 73, 715 ff.

Laufke: in: Festschrift für Heinrich Lehmann, 1956, Band 1, S. 145 ff. (zit. Laufke, Festschrift für H. Lehmann, 1956, Bd. 1)

Leisner, Walter: Grundrechte und Privatrecht, 1960.

— Art. Vereinigungsfreiheit, in: EvStL, Sp. 2699 ff.

— Mitbestimmung im öffentlichen Dienst, 1970. (zit. Leisner, Mitbestimmung)

Leopold, Dieter: Die Selbstverwaltung in der Sozialversicherung, Diss. Würzburg 1972.

Lerche, Peter: Werbung und Verfassung, 1967.

Lipset, S. M.: Political Man: The Social Bases of Politics, 1963.

Loewenstein, Karl: Kooptation und Zuwahl. Über die autonome Bildung privilegierter Gruppen, 1973.

Löwisch, Manfred: Der Einfluß der Gewerkschaften auf Wirtschaft, Staat und Gesellschaft, RdA 75, 53 ff.

Lohmar, Ulrich: Innerparteiliche Demokratie, 1963.

Luhmann, Niklas: Art. Organisation, in: EvStL, Sp. 1689 ff.

— Politikbegriffe und die „Politisierung" der Verwaltung, in: Demokratie und Verwaltung, 25 Jahre Hochschule für Verwaltungswissenschaften Speyer, 1972, S. 211 ff.

Mangoldt, Hermann von und Friedrich *Klein*: Das Bonner Grundgesetz, 2. Aufl. 1957/1964.
(zit. von Mangoldt/Klein)

Mannheim, Karl: Mensch und Gesellschaft im Zeitalter des Umbaus, 1935.

Martens, Wolfgang: Öffentlich als Rechtsbegriff, 1969.

Martini, Winfried: Das Ende aller Sicherheit, 1955.

Mayer, Franz: Selbstverwaltung und demokratischer Staat, in: Demokratie und Verwaltung, 25 Jahre Hochschule für Verwaltungswissenschaften Speyer, 1972, S. 327 ff.
(zit. F. Mayer, Selbstverwaltung)

Mronz, Dieter: Körperschaften und Zwangsmitgliedschaft, 1973.
(zit. Mronz, Körperschaften)

Maunz, Theodor, Günter *Dürig* und Roman *Herzog*: Kommentar zum Grundgesetz, 2. Aufl. 1969.
(zit. Maunz/Dürig/Herzog)

— Deutsches Staatsrecht, 20. Aufl. 1975.
(zit. Maunz, Staatsrecht)

Mayntz, Renate: Funktionen der Beteiligung bei öffentlicher Planung, in: Demokratie und Verwaltung, 25 Jahre Hochschule für Verwaltungswissenschaften Speyer, 1972, S. 341 ff.

— Das Demokratisierungspotential der Beteiligung Betroffener an öffentlicher Planung, in: von Oertzen (Hg.), Demokratisierung und Funktionsfähigkeit der Verwaltung, 1974, S. 50 ff.

Menzel, Eberhard: Die Sozialstaatlichkeit als Verfassungsprinzip der Bundesrepublik, DÖV 72, 537 ff.

Merkl, Adolf: Demokratie und Verwaltung, 1923.

Müller: Diskussionsbeitrag in Demokratisierung — Colloquium über einen umstrittenen Begriff, in: Aus Politik und Zeitgeschichte, B 18/71.
(zit. Müller, Kolloquium)

Nawiasky, Hans, Claus *Leusser*, Karl *Schweiger* und Hans *Zacher*: Die Verfassung des Freistaates Bayern, Kommentar, 1971.
(zit. Bearbeiter, in: Nawiasky/Leusser/Schweiger/Zacher)

Obermayer, Klaus: Art. Verwaltungsrecht, in: EvStL, Sp. 2796 ff.

— Verfassungsrechtliche Bedenken gegen den Regierungsentwurf eines Betriebsverfassungsgesetzes, DB 71, 1715 ff.

— Verfassungswidriges Enteignungsrecht, BayVBl 71, 209 ff.

— Bonner Kommentar, Art. 140 (Zweitbearbeitung).

— Mitbestimmung in der Kommunalverwaltung, 1974.
(zit. Obermayer, Mitbestimmung)

— Grundzüge des Verwaltungsrechts und des Verwaltungsprozeßrechts, 2. Aufl. 1975.
(zit. Obermayer, Grundzüge)

Oberndorfer, Peter: Partizipation an Verwaltungsentscheidungen in Österreich, DÖV 72, 529 ff.

Offe, Claus: Demokratische Legitimation der Planung, in: Greiffenhagen (Hg.), Demokratisierung in Staat und Gesellschaft, 1973, S. 285 ff.

Ossenbühl, Fritz: Die Erfüllung von Verwaltungsaufgaben durch Private, VVdStRL 29 (1971), S. 137 ff.

— Welche normativen Anforderungen stellt der Verfassungsgrundsatz des demokratischen Rechtsstaates an die planende staatliche Tätigkeit, dargestellt am Beispiel der Entwicklungsplanung? Gutachten B zum 50. DJT, 1974.
(zit. Ossenbühl, 50. DJT, Bd. I Teil B)

Palandt, Otto: Bürgerliches Gesetzbuch, 33. Aufl. 1974.
(zit. Palandt — Bearbeiter)

Papier, Hans-Jürgen: Der finanzrechtlichen Gesetzesvorbehalte und das grundgesetzliche Demokratisierungsprinzip, 1973.

Peters, Hans: Rechtsstaat und Rechtssicherheit, in: Recht - Staat - Wirtschaft, Band III, 1951, S. 66 ff.

— Art. Demokratie, in: Staatslexikon, Band 2, 6. Aufl. 1958, Sp. 560 ff.

Püttner, Günter: Die Mitbestimmung in kommunalen Unternehmen, 1972.
(zit. Püttner, Mitbestimmung)

Ramm, Thilo: Die Freiheit der Willensbildung, 1960.
(zit. Ramm, Willensbildung)

— Kampfmaßnahme und Friedenspflicht im deutschen Recht, 1962.
(zit. Ramm, Kampfmaßnahme und Friedenspflicht)

— Der Arbeitskampf und die Gesellschaftsordnung des Grundgesetzes, 1965.
(zit. Ramm, Arbeitskampf)

Rammstedt, Otthein: Partizipation und Demokratie, ZfP 1970, S. 343 ff.

Reuss, Wilhelm: Art. Die Organisation der Wirtschaft, in: Bettermann/Nipperdey/Scheuner (Hg.), Die Grundrechte Bd. III/1, 1958, S. 91 ff.
(zit. Reuss, Die Organisation der Wirtschaft)

Ridder, Helmut: Art. Meinungsfreiheit, in: Neumann/Nipperdey/Scheuner (Hg.), Die Grundrechte, Band II, 1954, S. 255 ff.
(zit. Ridder, Meinungsfreiheit)

— Zur verfassungsrechtlichen Stellung der Gewerkschaften, 1960.
(zit. Ridder, Gewerkschaften)

— Art. Staat, in: Staatslexikon, Band 7, 6. Aufl. 1962, Sp. 540 ff.

Rinken, Alfred: Verfassungsrechtliche Aspekte zum Status des Studenten, JuS 68, 257.

Ritter, Gerhard: ‚Direkte Demokratie' und Rätewesen in Geschichte und Theorie, in: Erwin Scheuch (Hg.), Die Wiedertäufer der Wohlstandsgesellschaft, 1968, S. 188 ff.

Roellecke, Gerd: Massenkommunikation und journalistische Unabhängigkeit der Redakteure, DÖV 72, 458 ff.

Rueggeberg, Jörg: Ehrenamtliche Richter in den öffentlich-rechtlichen Gerichtsbarkeiten, VerwArch 61 (1970), S. 189 ff.

Rupp, Hans Heinrich: Freiheit und Partizipation, NJW 72, 1537 ff.

Ryffel, Hans: Grundprobleme der Rechts- und Staatsphilosophie, 1969.
(zit. Ryffel, Rechts- und Staatsphilosophie)

— Der demokratische Gedanke im politischen und sozialen Bereich, in: Demokratie und Verwaltung, 25 Jahre Hochschule für Verwaltungswissenschaften, Speyer, 1972, S. 191 ff.
(zit. Ryffel, Der demokratische Gedanke)

Salzwedel, Jürgen: Gleichheitsgrundsatz und Drittwirkung, in: Festschrift für Hermann Jahrreiß, 1964, S. 339 ff.

— Staatsaufsicht in Verwaltung und Wirtschaft, VVdStRL 22 (1965), S. 206 ff.

Sauter, Egon und Gerhard *Schweyer*: Der eingetragene Verein, 9. Aufl. 1974.

Schäfer, Hans: Moderne Verwaltung im sozialen Rechtsstaat, DVBl 72, 495 ff.

Scharpf, Fritz: Demokratietheorie zwischen Utopie und Anpassung, 1970.
(zit. Scharpf, Demokratietheorie)

Scheuner, Ulrich: Der Bereich der Regierung, in: Festgabe für Rudolf Smend, 1952, S. 253 ff.

— Die neuere Entwicklung des Rechtsstaates in Deutschland, in: Festschrift zum 100jährigen Bestehen des Deutschen Juristentages, 1960, Band 2, S. 229 ff.

Schick, Walter: Art. Selbstverwaltung, berufsständische, in: EvStL, Sp. 2291 ff.

Schindler, Dietrich: Verfassungsrecht und soziale Struktur, 3. Aufl. 1950.

— Über die Bildung des Staatswillens in der Demokratie, 1921.

Schmidt, Rainer: Demokratisierung der Schule? 1971.

Schmidt-Bleibtreu, Bruno und Franz *Klein*: Kommentar zum Grundgesetz für die Bundesrepublik Deutschland, 3. Aufl. 1973.
(zit. Schmidt-Bleibtreu/Klein, Grundgesetz)

Schmitt, Carl: Verfassungslehre, 3. Aufl. 1928, Neudruck 1957.
(zit.: Schmitt, Verfassungslehre)

Schmitt Glaeser, Walter: Partizipation an Verwaltungsentscheidungen, VVdStRL 31 (1973), S. 179 ff.

Scholz, Rupert: Koalitionsfreiheit als Verfassungsproblem, 1971.
(zit. Scholz, Koalitionsfreiheit)

Schomerus, Friedrich: Die organisierte Eingliederung der Interessenverbände in die Bundesverwaltung, 1959.

Schröder, Josef: Die Konzertierte Aktion — Modell für eine Zusammenarbeit von Staat und Verbänden? in: Demokratie und Verwaltung, 25 Jahre Hochschule für Verwaltungswissenschaften Speyer, 1972, S. 419 ff.

Schüle, Adolf: Demokratie als politische Form und als Lebensform, in: Festgabe für Rudolf Smend, 1952, S. 321 ff.
(zit. Schüle, Festgabe für Smend, 1952)

Schwerdtfeger, Gunther: Unternehmerische Mitbestimmung der Arbeitnehmer und das Grundgesetz, 1972.
(zit. Schwerdtfeger, Mitbestimmung)

Seibel, Wolfgang: Demokratische Kirche? in: Stimmen der Zeit, 1971, S. 361 ff.

Simson, Werner von: Das demokratische Prinzip im Grundgesetz, VVdStRL 29 (1971), S. 3 ff.

Sontheimer, Kurt: Diskussionsbeitrag in Demokratisierung — Colloquium über einen umstrittenen Begriff, B 18/71.
(zit. Sontheimer, Kolloquium)

Sörgel, Werner: Konsensus und Interessen, 1969.

Stein, Ekkehart: Lehrbuch des Staatsrechts, 4. Aufl. 1975.
(zit. Stein, Staatsrecht)

Stich, Rudolf: Die Mitwirkung des Bürgers und der Öffentlichkeit an der Raumplanung, in: Demokratie und Verwaltung, 25 Jahre Hochschule für Verwaltungswissenschaften Speyer, 1972, S. 355 ff.

Talmon, J. L.: Die Ursprünge der totalitären Demokratie, 1961 (engl. Originaltitel: The Origins of Totalitarian Democracy, 1955).

Thieme, Hans: Verwaltungslehre, 1966.

Tudyka, Kurt P. und Juliane *Tudyka:* Verbände Geschichte, Theorie, Funktion. Ein bibliographisch-systematischer Versuch, 1973.
(zit. Tudyka/Tudyka, Verbände)

Ule, Carl Hermann: Umweltschutz im Verfassungs- und Verwaltungsrecht, DVBl 72, 437 ff.

Unruh, Georg Christoph von: Selbstverwaltung als staatsbürgerliches Recht, DÖV 72, 16 ff.

Varain, Heinz Josef: Parteien und Verbände, 1964.

— Art. Verbände, in: EvStL, Sp. 2682 ff.

Völpel, Dagobert: Rechtlicher Einfluß von Wirtschaftsgruppen auf die Staatsgestaltung, 1972.

Walter, Robert: Partizipation an Verwaltungsentscheidungen, VVdStRL 31 (1973), S. 147 ff.

Wasser, Hartmut: Interessenverbände in der Bundesrepublik Deutschland, in: Informationen zur politischen Bildung, Heft 145, 1971.

Wengler, Wilhelm: Die Kampfmaßnahme im Arbeitsrecht, 1960.
(zit. Wengler, Kampfmaßnahme)

Wertenbruch, Wilhelm: Die rechtliche Einordnung wirtschaftlicher Verbände in den Staat, in: Gedächtnisschrift für Hans Peters, 1967, S. 630 ff.
(zit. Wertenbruch, Gedächtnisschrift für H. Peters, 1967)

Westermann, Harm Peter: Die Verbandsstrafgewalt und das allgemeine Recht, 1972.

— Zur Legitimität der Verbandsgerichtsbarkeit, JZ 72, 537 ff.

Widtmann, Julius: Art. Selbstverwaltung, kommunale, in: EvStL, Sp. 2291 ff.

Winkler, Günther: Staat und Verbände, VVdStRL 24 (1966), S. 34 ff.

Wittkämper, Gerhard W.: Grundgesetz und Interessenverbände, 1963.
(zit. Wittkämper, Interessenverbände)

Wolf, Manfred: Die Klagebefugnis der Verbände, 1971.

Wolff, Hans J. und Otto *Bachof*: Verwaltungsrecht Bd. I, 9. Aufl. 1974.

Wolff, Hans J.: Verwaltungsrecht Bd. II, 3. Aufl. 1970.

Wulfhorst, Traugott: Studentische Kompetenz in der Hochschul-Selbstverwaltung, DVBl 68, 686 ff.

Zeidler, Wolfgang: Der Standort der Verwaltung in der Auseinandersetzung um das Demokratieprinzip, DVBl 73, 719 ff.

Zippelius, Reinhold: Allgemeine Staatslehre, 5. Aufl. 1975.

— Art. Freiheit, in: EvStL, Sp. 735 ff.